THÈSE

POUR

LE DOCTORAT

L'ACT TORRENS

Son application en Australie et en Tunisie

THÈSE POUR LE DOCTORAT

PRÉSENTÉE ET SOUTENUE

Le 12 *juin* 1900, *à* 10 *heures*

PAR

René VIOLLETTE

Président : M. LÉVEILLÉ, *professeur.*

Suffragants } MM. MASSIGLI, PLANIOL, } *professeurs*

PARIS

JOUVE ET BOYER

IMPRIMEURS

15, Rue Racine, 15

1900

INTRODUCTION

Conception moderne du droit de propriété
des immeubles.

La Terre a toujours été considérée, avant tout, comme
un instrument de production. C'est elle qui nous nourrit
soit directement, soit indirectement en nourrissant les
animaux qui nous servent d'aliments ; c'est elle qui nous
chauffe, qui nous habille, qui sert de base à notre habitation et qui fournit les matériaux pour la construire. Mais
à côté de cette conception économique et invariable de
la terre, il en est une autre beaucoup plus élevée et qui
n'a pas toujours offert le même caractère, qui est tout
autre aujourd'hui qu'elle n'était dans l'ancien droit ou au
Moyen Age. Nous voulons parler de la conception sociale
de la terre.

Celle-ci était considérée autrefois non pas comme un
objet d'échange et un instrument de crédit (conception
moderne et qu'on ne trouve que dans les pays civilisés),
mais bien comme une source de force et de durée pour
les familles groupées autour de leur chef, pour les rotu-
riers groupés autour de leur seigneur.

Viollette   1

Aussi, lorsque la propriété foncière n'était pas frappée d'une inaliénabilité absolue (1), elle ne pouvait cependant changer de mains qu'avec une grande difficulté.

Aujourd'hui la terre s'est démocratisée, elle n'assure à son possesseur aucune prééminence, elle n'est qu'un moyen de revenu et de placement de capitaux. La propriété immobilière a désormais une fonction sociale plus étendue, celle de circuler librement et de procurer à son possesseur le crédit nécessaire. Il convient donc de faciliter l'échange des immeubles, ce qui permettra de faire passer la terre entre les mains d'un certain nombre de possesseurs plus ou moins négligents et inhabiles jusqu'à ce qu'elle arrive à un propriétaire entreprenant et avisé qui saura en tirer le meilleur parti possible pour le plus grand bien de la société et de lui-même.

Il convient encore de développer le crédit territorial car, s'il est dangereux de donner artificiellement du crédit à un agriculteur déjà endetté, il est au contraire très bon de mettre à la disposition du propriétaire foncier les capitaux dont il a besoin pour agrandir son domaine, subvenir aux dépenses d'amélioration et appliquer s'il y a lieu la culture intensive.

Il semble, en résumé, que le but auquel doit tendre tout bon régime foncier est la facilité des échanges, le développement du crédit territorial. Et pour cela il faut asseoir

1. Cette prohibition était écrite dans les lois de Sparte, de Locres. C'est encore de nos jours la théorie de l'Inde et des Slaves méridionaux.

les droits de propriété sur des bases solides et sûres,
faire de l'immeuble un objet facilement négociable, susceptible de se plier aux exigences sociales de notre époque.

Aussi, l'expansion de la richesse foncière et du crédit
réel est-elle essentiellement subordonnée à la sécurité
des transactions immobilières. Si le propriétaire veut pouvoir vendre ou emprunter en hypothéquant son immeuble à des conditions raisonnables, il faut qu'il puisse garantir au capitaliste acheteur ou prêteur que l'objet de
son acquisition ou son gage ne lui échappera pas pour
une cause qu'il ne pouvait prévoir.

Si l'abondance des capitaux en quête d'un emploi fruc-
tueux est une des causes qui assurent la facilité des emprunts et le faible taux de l'intérêt de l'argent, il est un
autre facteur indispensable pour obtenir ces résultats et
qui doit se concilier avec le premier, c'est la sûreté des
garanties offertes au prêteur. Et, en effet, si le prêteur,
pour déterminer le taux d'intérêt qu'il exige, fait, en premier lieu, entrer en ligne de compte le revenu naturel
que doit rapporter tout capital, il y ajoutera une certaine
prime d'assurance contre les dangers du placement. Or,
le taux de cette prime et par suite le taux de l'intérêt est
d'autant plus élevé que l'emprunteur offre moins de garanties et que le prêteur a moins confiance dans son remboursement.

Il faut dès lors fixer l'assiette de la propriété foncière,
garantir aux acquéreurs la solidité de leurs titres, aux

prêteurs la stabilité de leurs gages : la prime d'assurance devient alors insignifiante, le taux des placements n'a plus d'autre régulateur que l'abondance et la productivité des capitaux disponibles.

Ces deux questions, du crédit immobilier, de la consolidation de la propriété foncière, se résolvent donc l'une par l'autre. La propriété ne peut prospérer qu'en demandant au crédit réel les ressources nécessaires. Le crédit territorial ne saurait se développer s'il n'a pour point d'appui la garantie immuable du droit de propriété.

Or, pour que la propriété soit fermement assise, pour qu'elle ait un titre d'établissement indiscutable, il faut que la loi fonçière permette, par son organisation même, la vérification préalable du droit que peut avoir d'aliéner et d'hypothéquer son bien la personne qui désire le faire. Les tiers ne contracteront avec sécurité qu'autant qu'ils auront le moyen de reconnaître à un signe certain le véritable propriétaire de l'immeuble qui leur est offert comme gage ou comme objet d'acquisition.

Ce moyen n'est autre que la publicité des transferts.

De tous temps, le principe de publicité a été mis en pratique, mais les formes employées ont changé suivant les époques. Aux premiers âges du droit, les transmissions n'étaient valables qu'après l'accomplissement de formes solennelles. A la même époque ou à d'autres périodes de l'histoire, l'acquéreur devait fortifier son titre d'acquisition par une possession plus ou moins prolongée au vu et su de tout le monde, appelée « possession d'état ». Cette possession a été consacrée de nos jours dans les codes civils sous le nom de « Prescription ». Mais le système qui tend à prédominer actuellement est l'enregistrement public de l'hypothèque et des transferts de propriété.

Telle est la conception que nous nous faisons aujourd'hui de la propriété des immeubles ; nous verrons dans la suite ce qu'en a pensé Sir R. Torrens en Australie et les législateurs de 1885, en Tunisie.

L'ACT TORRENS

SON APPLICATION EN AUSTRALIE ET EN TUNISIE

PREMIÈRE PARTIE

L'ACT TORRENS

CHAPITRE I

Origine de l'act Torrens.

On sait avec quelle surprenante rapidité les établissements anglais situés sur le continent australien se sont développés dans la seconde moitié de ce siècle.

On peut attribuer cet état de fait à plusieurs causes : à côté de la douceur du climat qui y règne, on peut citer la très grande abondance des terres cultivables, surtout celles propres au pâturage qui ont tant contribué à pousser les colons vers l'élevage. On peut encore considérer que la découverte des mines d'or a attiré une foule d'émigrants toujours croissante, ce qui n'a pas peu aidé aux progrès de la population. On pourrait encore en faire remonter le mérite à l'emploi raisonné des méthodes de colonisation (nous faisons allusion ici au système de Wackefield) ; mais ce qui a été encore le plus efficace, ce qui couronne toutes les mesures qui ont été prises, c'est l'inauguration d'un régime foncier approprié aux besoins spéciaux de ces contrées neuves.

Profondément impressionné par l'énormité des charges qui pesaient sur les colons australiens du fait de la législation anglaise, et surtout en vue de fixer les droits des squatters, propriétaires d'immenses domaines, d'une manière certaine, invariable, en les mettant à l'abri des empiétements auxquels ils étaient exposés journellement par des bandits et des pillards de toutes nationalités, sir Robert Richard Torrens, directeur de l'Enregistrement, Registrar Général, dans la South Australia, proposa en 1857, au moment où il se portait candidat à la députation d'Adélaïde, un système foncier dont il est l'auteur et qui n'est autre qu'une adaptation particulière du régime suivi pour les mutations des navires. (Torrens était resté quelques années directeur des douanes et pouvait par cela même aborder cette question avec une certaine compétence, due à la pratique).

Il fut élu député, et son système, qui avait été son programme électoral, reçut par là l'approbation de ses concitoyens.

Réduite à son principe essentiel, la loi Torrens substitue un titre constitué par des inscriptions sur un registre, au titre constitué par les *deeds*, système très compliqué et occasionnant de grands frais. (1). La propriété foncière devient transmissible comme la propriété en navires et en fonds publics ; chaque propriétaire étant muni d'un titre qui représente un véritable effet à ordre, un simple endossement le fait changer de mains avec cette différence toutefois que l'endosseur, en cas de contestations, n'est pas responsable.

Le premier acte législatif dans lequel ait pris corps le système « destiné, ainsi que le dit Torrens, à simplifier « la législation sur le transfert et l'engagement des *francs*

1. Sous l'empire de la loi anglaise, en effet, loi dont les dispositions formaient en Australie l'un des principaux éléments de la législation appliquée, tout titre de propriété a pour origine une concession de la Couronne, mais ce titre ne se complète pas lui-même en ce qui concerne les mutations ultérieures pour lesquelles il faut dresser des titres distincts. Ce système a donc pour double résultat de nécessiter des recherches longues et difficiles, et de laisser la propriété incertaine par suite de l'impossibilité où l'on se trouve parfois de connaître exactement la condition juridique des immeubles.

Torrens fut pénétré de cette idée que pour améliorer un tel régime et pour ouvrir aux transactions immobilières des voies rapides et peu onéreuses, il suffirait de développer le principe de la publicité.

« *tènements* (1) et autres droits réels immobiliers », est
la loi de South Australia, proposée et acceptée à la Chambre des Députés par 19 voix sur 26, votée par la seconde
Chambre (Législative Council) et qui reçut définitivement
la sanction du gouvernement le 27 janvier 1858 pour entrer en vigueur le 2 juillet de la même année.

Torrens explique ainsi la raison qui l'a poussé à demander l'application de cette loi : « Un quart de siècle s'est
écoulé depuis que mon attention fut attirée douloureusement sur les lois relatives aux mutations de la propriété
réelle. Mes yeux furent ouverts par la détresse et la ruine
d'un de mes parents et amis qui, enlacé dans le labyrinthe de cette législation, vint succomber devant l'arrêt
de la cour de chancellerie. Depuis cette époque, je résolus que, quelque jour, je frapperais un grand coup pour

1. Francs-tènements. Principe fondamental du droit anglais. Toutes les terres relèvent médiatement ou immédiatement de la Couronne. Le Souverain en a le domaine direct et absolu. Les possesseurs
effectifs en ont le domaine utile. Les terres sont entre leur mains de
simples fiefs de la Couronne. Le domaine utile leur confère, il est
vrai, aujourd'hui, des droits presque aussi étendus que s'ils avaient
la propriété. Les « *free holders* » ou francs tenanciers n'ont plus besoin pour exercer leurs droits d'aucune investiture de la part de la
Couronne.

On oppose au « *free holder* » le « *copy holder* », possesseur precaire, qui put être dépossédé par le seigneur et qui tient sa terre
en vertu d'une copie du registre d'une cour seigneuriale sur lequel
on inscrit toutes les opérations concernant le manoir dont relève le
bien.

le renversement de ce que lord Bacon a écrit : « Une loi sur laquelle les héritiers de ce royaume sont ballotés aujourd'hui ainsi qu'un navire sur la mer, de telle sorte qu'il est difficile de dire quelle est la barque qui sombrera et quelle est celle qui gagnera le port ».

Le grand coup dont Torrens nous parle, il l'a frappé et nous allons voir comment il s'y est pris et quelles en furent les conséquences.

CHAPITRE II.

Dispositif de l'act Torrens.

L'idée de R. Torrens fut la suivante :

Assurer à la propriété et aux créanciers hypothécaires les plus larges facilités de crédit et de circulation en
développant le principe de publicité.

Pour arriver à ce but il fallait :

1° Définir l'origine de la propriété à l'aide d'une purge
spéciale, laquelle purge sera consacrée par l'immatriculation.

2° Créer un système de publicité hypothécaire ayant
pour but de faire connaître exactement la condition juridique du sol, les droits réels et les charges qui le
grèvent.

3° Organiser des procédés de mobilisation de la propriété foncière et du crédit hypothécaire par un ensemble de moyens destinés à assurer la transmission rapide
des immeubles, la constitution facile des hypothèques et
leur cession par voie d'endossement. En d'autres termes : trouver une combinaison permettant de mettre
dans la circulation des titres hypothécaires pouvant se

créer et se transmettre aussi aisément qu'un chèque ou un warrant. Si l'on trouve moyen de permettre au détenteur d'une créance hypothécaire de battre monnaie avec son titre sans se voir obligé de recourir à une expropriation de l'immeuble qui garantit sa créance, ou d'attendre l'échéance en cas de besoins pressants et imprévus d'argent, on donne au crédit foncier la souplesse et les facilités du crédit commercial, on rend celui-là accessible à tous ceux qui ne peuvent prêter à long terme.

Inutile d'insister sur les avantages qui pourront résulter de cet état de choses. Les prêteurs ou les capitalistes se présenteront en plus grand nombre, et les garanties qui leur sont offertes étant plus sûres, le taux de l'intérêt diminuera, les propriétaires n'hésiteront plus à empruter les sommes qui leur sont nécessaires pour faire rendre à la terre tout ce qu'elle peut donner. D'où, prospérité agricole dans le pays et, comme conséquence, prospérité commerciale et industrielle.

Voilà le plan qu'avait conçu R. Torrens et voici comment il résolut ces trois problèmes, bases du régime foncier.

SECTION I

Immatriculation et purge des immeubles.

Il s'agit en premier lieu pour le propriétaire qui veut tirer le meilleur parti de sa terre d'en asseoir la propriété, de la délimiter et de fixer, d'une manière irrévocable à l'égard de tous, son droit, en le constatant dans un acte public.

C'est là le but de l'immatriculation.

Le propriétaire, qui veut placer son immeuble sous l'empire du *Real property Act*, doit en faire la demande, car cette loi est en principe facultative.

Nous disons en principe, car dans certaines colonies australiennes les terres, faisant partie du domaine public au moment de la promulgation de la loi qui a consacré le régime Torrens, et qui, par la suite, sont concédées à des particuliers, sont placées d'office sous le régime du *Real property Act* (Art. 15 du *Real property Act*). Or, cette exception a une portée assez considérable, car une grande partie des terres de l'Australie sont ou du moins étaient en 1858 encore à l'état de terres vacantes appartenant à l'Etat.

Il est utile de constater du reste, qu'en ce qui concerne les autres terres, le choix du public s'est produit à une immense majorité en faveur du système Torrens (1).

1. Le législateur australien, malgré le caractère facultatif qu'il voulait donner à la loi n'a pas voulu cependant permettre à un propriétaire subséquent de défaire ce que son auteur avait fait, c'eût été rendre son système inefficace puisqu'il avait surtout en vue de fixer pour l'avenir les bases de la propriété d'une manière irrévocable.

En conséquence, une fois qu'un propriétaire a placé son immeuble sous l'empire de l'Act Torrens, ses successeurs ne peuvent plus s'y soustraire.

Nous verrons dans la suite, en étudiant la loi tunisienne, ce qu'il y a lieu de penser de ce caractère facultatif attribué à la loi.

Le propriétaire qui a résolu d'immatriculer son immeuble adressera donc une demande au *Registrar General* ou Directeur de l'enregistrement. Il y joindra ses titres de propriété, les pièces qui peuvent servir à justifier sa qualité de propriétaire, et un plan qu'il aura eu soin de faire dresser au préalable, à une certaine échelle, par un arpenteur breveté (1). Il indiquera aussi tous les droits et charges grevant l'immeuble et dont il a personnellement connaissance. Au bas de la requête, le demandeur fait la déclaration solennelle qu'il croit en conscience que les renseignements qu'il fournit sont les seuls vrais et que

Du reste, ce caractère facultatif n'a été établi que dans le but de servir de tradition entre les maximes anciennes et les nouvelles. Ce n'est pas la caractéristique dominante de l'Act Torrens, ce n'est qu'une mesure transitoire destinée à disparaître progressivement.

Outre l'immatriculation obligatoire pour les terres achetées de l'Etat postérieurement à l'introduction de l'Act Torrens dans la plupart des pays où ce régime est aujourd'hui appliqué, nous voyons encore à Singapoor, dans l'île Pinang, dans la province de Wellesley, que les propriétés des tenanciers anglais sont inscrites d'office sur les certificats délivrés au fur et à mesure des opérations du cadastre.

1. Ces plans dressés tous à la même échelle permettront par la suite de confectionner à très peu de frais le plan cadastral général de la colonie.

les titres par lui remis sont les seuls à sa disposition intéressant l'immeuble.

Le *Registrar General* confie le dossier à un ou deux jurisconsultes (*examiners of titles*). Ceux-ci vont examiner avec soin les titres de propriété et différentes pièces du dossier. Ils vont vérifier si la description du domaine est claire, si elle a été faite suivant les règles, s'il n'y a pas d'équivoque possible, enfin si les titres de propriété paraissent indiscutables et si aucune action en éviction n'est à redouter. Ils font ensuite un rapport au *Registrar General*.

Si les titres ne paraissent pas suffisamment établis, la demande est rejetée. Le *Registrar General* doit motiver son refus. Le demandeur a alors le droit de se pourvoir devant la Cour, qui statue souverainement et définitivement.

Si au contraire le *Registrar General* juge que les titres sont réguliers et que le véritable propriétaire est bien celui désigné sur ceux-ci, il procède aux formalités de publicité prescrites par la loi avant d'ordonner l'immatriculation de l'immeuble. Ces formalités consistent en publications dans les journaux, avertissements aux intéressés supposés, aux voisins, aux créanciers hypothécaires présumés. Le *Registrar General* prescrit en outre les mesures nécessaires à prendre dans l'intérêt des incapables et des absents ; il fixe le délai pendant lequel les oppositions seront recevables.

S'il n'y a pas d'oppositions ou si les oppositions ne sont

pas faites dans le délai voulu, le *Registrar General*
procède alors à l'immatriculation proprement dite.

S'il est fait des oppositions en temps utile, le *Registrar General* surseoit à l'immatriculation jusqu'à ce que
les juridictions de droit commun aient statué sur le point
de savoir s'il y a lieu d'admettre ou de rejeter les oppositions. Le *Registrar General* procédera à l'immatriculation ou rejettera la demande suivant la décision des juridictions saisies.

Pour opérer l'immatriculation de l'immeuble, le
Registrar General établit un certificat de titre de propriété contenant la description exacte de l'immeuble avec
plan à l'appui, indiquant tout à la fois sa condition juridique et matérielle, mentionnant les charges dont il est
grevé et, d'une façon générale, toutes les circonstances
qui modifient pour le propriétaire l'exercice de son droit.

Ce certificat de titre est enregistré sur un feuillet spé-
cial du registre foncier déposé chez le *Registrar
General*, que l'on désigne sous le nom de *Registre-
Matrice*.

Une copie littérale de ce nouveau titre (1) est délivrée
au propriétaire.

Dorénavant tout ce qui est inscrit sur l'original et sur
la copie fera foi à l'égard de tous sans aucune exception.
La purge de l'immeuble est accomplie définitivement. Nul

1. Dans certaines colonies australiennes, le titre est, paraît-il, une
reproduction photographique du *Registre-Matrice*.

ne peut plus se prévaloir d'un droit réel qui ne serait pas inscrit sur le titre et le *Registre-Matrice*. L'immeuble ainsi immatriculé acquiert une individualité propre, il a un acte de naissance et l'origine de la propriété ne date que de la création du titre (1).

Le titre de propriété est établi et délivré par l'Etat représenté par le *Registrar General*. La demande en immatriculation n'est autre chose qu'une action en déclaration de propriété intentée par un citoyen contre l'Etat représentant la masse de ses concitoyens et lorsque le revendiquant a fait connaître et proclamer son droit, il y a chose jugée à l'égard de tous et l'immeuble se trouve définitivement purgé, par l'immatriculation, de toutes servitudes, droits réels et charges quelconques qui n'ont pas été reconnus par le *Registrar General* et ne sont pas portés au Certificat de titre.

Le droit du propriétaire immatriculé est ainsi placé sous la garantie de l'Etat. Si, en effet l'administration de l'en-

---

1. En cas de décès, pendant la durée de l'instance, soit du demandeur, soit de la personne désignée par lui comme devant obtenir l'immatriculation, la délivrance du nouveau titre est faite au nom du demandeur ou du bénéficiaire décédé et la dévolution de l'immeuble a lieu comme si l'immatriculation avait précédé le décès : c'est là une application spéciale de ce principe juridique que les effets d'un jugement remontent au jour de la demande ; si le législateur avait admis qu'il serait possible d'étendre la portée d'une demande, il aurait certainement exigé une publicité nouvelle pour toute addition apportée à la demande introductive d'instance.

registrement, malgré les précautions qu'elle a dû prendre s'est trompée et n'a pas enregistré le véritable propriétaire, ce sera tant pis pour celui-ci car il se trouve dépouillé de toutes actions en revendications (1) et ne pourra exercer qu'une action en dommages-intérêts (2); tant pis aussi pour l'administration, car elle devra payer les dommages-intérêts.

Aussi l'Etat a-t-il institué, pour se garantir de cette responsabilité pécuniaire, un fonds d'assurance constitué en prélevant 2 0/00 de la valeur de l'immeuble à chaque demande d'immatriculation. L'expérience a prouvé par la suite que cette prime, malgré sa modicité, est beaucoup plus que suffisante, grâce aux mesures de publicité dont est entourée la procédure d'immatriculation, grâce aussi aux soins que l'on donne pour le recrutement des *Registrars Generals* et des *Examiners of Titles* qui sont choisis parmi les hommes les plus compétents et les plus consciencieux (3).

1. L'action en revendication contre le titulaire du Certificat de titre n'est, par exception, recevable que lorsqu'il s'agit d'immatriculation frauduleusement opérée, d'erreur de bornage, de poursuites exercées par un créancier hypothécaire ou par un bailleur, ou lorsque l'action émane d'un propriétaire porteur d'un titre antérieur. Et encore, même dans ce cas, l'action ne peut jamais réfléchir contre les tiers de bonne foi. (Art. 33 Act Torrens).

2. C'est au demandeur à faire la preuve; 1° du préjudice; 2° de la faute de l'administration.

3. N'oublions pas qu'il s'agit ici de pays neufs ; peut-être n'en serait-il pas de même dans les pays de vieille civilisation où des droits

Mais si le cas de dépossession totale du légitime propriétaire est extrêmement rare, il peut arriver plus fréquemment qu'un créancier hypothécaire, le bénéficiaire d'un droit de servitude, d'antichrèse ou de tout autre droit réel sur un immeuble non encore immatriculé s'en voient dépouillés pour ne les avoir pas fait inscrire lors de l'immatriculation demandée et obtenue par le propriétaire. Il leur reste alors une action en indemnité sur la Caisse d'assurance sans préjudice du recours contre le débiteur.

Section II.

Le Transfert. — Le régime hypothécaire.

Il ne suffit pas de bien asseoir les bases de la propriété et d'assurer au propriétaire un titre à l'abri de toute contestation, il faut encore permettre à l'acquéreur ou au créancier hypothécaire de connaître exactement la situation juridique de l'immeuble , l'étendue des droits réels ou des charges dont il peut être grevé par la suite et postérieurement à l'établissement du titre de propriété rédigé lors de l'immatriculation.

touffus et enchevêtrés ont poussé sur la terre. L'Etat alors courrait peut-être de trop gros risques en s'obligeant à une telle garantie.

Nous avons assisté jusqu'à présent à la naissance de l'immeuble, nous avons vu quelles formalités il fallait remplir pour que cette naissance lui assurât les droits dont il a besoin et dont il est digne, il nous faut voir maintenant comment cet immeuble va se comporter dans la suite de son existence juridique et au milieu des événements de toutes sortes qui pourront l'affecter.

En principe, toute vente, aliénation ou mutation quelconque dans le droit du propriétaire doit être connue de tous ceux qui ont intérêt à la connaître dans le présent et dans l'avenir.

Aussi, aucun droit réel ne peut exister, et cela, non seulement à l'égard des tiers, mais même à l'égard des parties, qu'à partir de son inscription sur le *Registre-Matrice* (1). Les énonciations de ce registre font foi à l'égard de tous. Celui qui traite, sans fraude, avec la personne inscrite comme propriétaire sur le *Registre-Matrice* acquiert un droit à l'abri de toute résolution, alors même que les droits de son auteur seraient ultérieure-

---

1. Art. 43. Act Torrens. « Aucun acte translatif de propriété ou constitutif d'hypothèque, ayant pour objet un immeuble soumis au régime de la présente loi, ne produira ses effets qu'à partir de l'enregistrement qui en aura été fait conformément à ladite loi. Mais par le seul fait de l'enregistrement dudit acte, tous les droits qu'il constitue seront transférés à la partie intéressée, sous les conditions et les modalités expresses contenues audit acte, ou réputées aux termes de la loi en être la conséquence implicite. »

ment rescindés. Sont seuls opposables auxtiers les causes de résolutions inscrites sur le *Registre-Matrice.*

C'est là une garantie de publicité, mais Sir Torrens a poussé plus loin ce principe de publicité, il ne trouvait pas encore la garantie suffisante. Le titre de propriété, dans son système, laissé aux mains du propriétaire, doit reproduire toutes les mentions, exactement et intégralement, contenues dans le *Registre-Matrice.* Ainsi, l'immeuble enregistré ne peut faire l'objet d'aucune transaction, aliénation, constitution de droits réels, d'hypothèque ou de bail, sans que cette opération soit inscrite à la fois sur le Certificat de titre délivré au propriétaire et sur le registre foncier.

Le système organisé par l'Act Torrens pour obtenir ce résultat est aussi simple qu'ingénieux.

Le propriétaire d'un immeuble immatriculé veut-il vendre cet immeuble : il rédige un acte de transfert, attesté par un témoin, se référant pour la description de l'immeuble et son état juridique au titre de propriété, et il présente cet acte et son titre au *Registrar General*; inscription de la vente est faite par ce fonctionnaire sur le *Registre-Matrice* et un nouvel original portant mention de la concession originaire et de l'acte de vente est délivré à l'acquéreur, après annulation de celui du vendeur; si la vente n'a porté que sur une partie de l'immeuble, l'original du vendeur n'est annulé que pour cette partie et lui est restitué.

Pour hypothéquer un immeuble ou un droit réel imma-

triculé, on dressera l'acte constitutif d'hypothèque contenant description exacte de l'immeuble ou du droit gre vé
et le *Registrar General* inscrira cet acte sur le *Registre-
Matrice* et sur l'acte hypothécaire qui sera rendu au
créancier.

Si les parties sont éloignées du bureau du *Registrar
General*, elles rédigent sous seing-privé un acte de
transfert ou de constitution d'hypothèque (des formules
spéciales imprimées existent à cet effet) les signatures
des parties sont légalisées par les autorités c ompétentes
et l'acte est adressé au bureau en même temps que le titre de propriété. La double inscription est ensuite mentionnée sur le registre et sur le Certificat de titre.

Grâce à ce système la publicité est absolue et complète,
elle résulte non-seulemént d'une mention sur le registre
hypothécaire, comme dans notre loi française, mais en
outre d'une inscription sur le Certificat de titre de propriété laissé aux mains du propriétaire. Le Certificat de titre
reste toujours une reproduction fidèle et intégrale du
Registre-Matrice. Les tiers qui veulent être renseignés sur la situation d'un immeuble peuvent consulter le
registre ou exiger la communication du Certificat de titre.

Et la sanction est énergique. Puisque les droits réels
constitués sur l'immeuble n'ont d'existence juridique qu'à
partir de cette double inscription.

C'est là un des points caractéristiques du système
Torrens. La création du titre, signe représentatif de la
propriété, de même que l'argent est le signe représen-

tatif de la richesse. A chaque mutation, le pouvoir public par l'entremise du *Registrar General* intervient pour mettre au courant l'ancien titre ou pour en délivrer un nouveau, après avoir annulé l'ancien. Il ne s'agit donc pas ici d'un titre passant de main en main par simple endossement comme la lettre de change. Ce serait peut-être beaucoup plus simple, mais il y aurait trop de prise à la fraude. En réalité, le titre ancien est remplacé par un nouveau à chaque transfert et les mentions qui y ont été faites sont reproduites au *Registre-Matrice*.

Il peut arriver que l'on conserve l'ancien titre après y avoir mentionné le nouveau transfert ou la nouvelle mutation, mais, comme on fait abstraction complète de tout ce qui précède dans le titre pour ne tenir compte que de la nouvelle mention, il y a en somme un nouveau titre puisque ce titre a de nouveaux effets, la forme importe peu. Cette thèse soutenue par M. Gides nous paraît être la bonne, quoiqu'elle ait été combattue par des personnes d'une autorité indiscutable telles que Besson, dans son remarquable ouvrage sur *Les Livres Fonciers*.

Les articles 49 et 50 du *Real Property Act* ne laissent en effet aucun doute subsister à ce sujet (1). Du reste

---

1. Art. 49 du *Real property Act*. « Si le memorandum de transfert a pour objet une transmission de pleine propriété sur tout ou partie d'un immeuble compris dans un Certificat de titre, le vendeur devra y joindre son Certificat de titre. Le *Registrar General* l'annulera en tout ou en partie, suivant qu'il s'agira de transférer la totalité ou

Sir Torrens lui-même le dit dans la discussion du proje.
de loi en 1857.

« Le principe essentiel de mon système est l'abolition
de tous les titres rétrospectifs et le fait que, dans un
transfert de propriété, le titre existant devra être remis
à la Couronne qui délivrera au nouveau propriétaire un
titre nouveau, c'est-à-dire le renouvellement du titre à
chaque aliénation pour n'avoir pas à s'occuper du passé ».

Et en un autre endroit, il ajoute : « cela coupera court
à toutes les difficultés qui sont inévitables aujourd'hui
pour retrouver le titre originaire à travers la succession
inextricable des acheteurs, et au lieu d'avoir à fouiller
dans une montagne de papiers, nous n'aurons affaire
qu'à un document simple qui n'en sera pas moins va-
lide et indiscutable puisqu'il ne différera en rien du titre
de concession originaire ».

Torrens suppose qu'à chaque mutation la terre est censée revenir à l'Etat qui la concéderait directement ; c'é-
tait là le meilleur moyen d'obtenir la simplicité et la

une portion de l'immeuble qui y est décrit, en indiquant dans sa
mention d'annulation les circonstances de la transmission ».

Art. 50. « Il délivrera à l'acquéreur ou à tout autre cessionnaire
qui se sera fait enregistrer un nouveau Certificat de titre afférent à
la portion de l'immeuble mentionné dans le memorandum de transfert. Le *Registrar General* retiendra tout Certificat de titre annulé
en tout ou en partie et en délivrera un nouveau au propriétaire de la
portion non vendue ou, s'il y a lieu, à l'acquéreur de cette portion,
ou d'une fraction d'icelle ».

sécurité dans les transactions. Cette fiction, si étrange qu'elle nous puisse paraître, est très compréhensible chez un homme qui, comme Sir Torrens, était imbu des principes du droit anglais où aujourd'hui encore le domaine éminent du sol est censé appartenir à la Couronne, les propriétaires n'en étant que des concessionnaires qui ne possèdent que le domaine utile.

Il est certain que chez nous, aujourd'hui, une telle doctrine serait considérée comme très dangereuse par les économistes qui y verraient une thèse collectiviste. Et cependant, cette idée de Torrens n'avait rien de socialiste : bien au contraire, sa fiction avait pour but d'asseoir sur des bases solides la propriété foncière en lui constituant un état civil simple et clair et en faisant, en quelque sorte, à chaque mutation, table rase du passé.

Il ne voulait plus, et il le dit lui-même, de ces accumalations de titres qui rendent les vérifications si difficiles et si dangereuses. Il voulait pour chaque immeuble un seul titre toujours à jour et qui, mis sous les yeux des intéressés, leur fournit tous les renseignements désirables.

« Les choses se passent en somme tout à fait comme dans les transferts de rentes sur l'Etat. Le certificat du vendeur est annulé, un certificat nouveau est délivré à l'acheteur par le service des titres et le transfert est inscrit sur le Grand-Livre. Il suffit d'imaginer ce mécanisme appliqué aux immeubles pour se faire une idée claire du système Torrens ». (Gides, 1886. *Etudes sur l'Act Torrens*).

Telle est la thèse de Gides que nous soutenons ici. Besson prétend que la délivrance d'un nouveau titre destiné à remplacer l'ancien n'est pas un trait caractéristique du système Torrens, car, en cas de mutation partielle du droit de propriété, il n'y a pas lieu à la délivrance de nouveau titre et que, même en cas d'aliénation complète de l'immeuble, il ne sera délivré un nouveau titre au nouveau propriétaire que sur la demande de celui-ci, et que s'il ne se prononce pas sur ce point on lui remettra l'ancien titre avec la mention nouvelle d'aliénation. Or, dit Besson, par mesure d'économie, le nouveau propriétaire se contentera le plus souvent de l'ancien titre avec la mention.

Besson nous semble ici discuter sur les mots, quand Torrens et Gides parlent de titre nouveau, ils entendent par là un titre soit nouveau *stricto sensu*, c'est-à-dire écrit sur une nouvelle feuille de papier, soit l'ancien titre, mais revu et corrigé, augmenté d'une nouvelle mention produisant des effets nouveaux, correspondant à la mutation dont l'immeuble a été l'objet et abstraction faite de toutes les mentions portées auparavant sur ledit titre en tant qu'elles sont incompatibles avec la nouvelle situation juridique de l'immeuble.

Telles sont les applications des deux principes chers à Torrens, nous voulons dire des principes de publicité et de légalité. Le *Registrar General*, en effet, représentant le Pouvoir public, ne fera la double inscription obligatoire à l'existence d'un nouveau droit réel qu'après s'être assuré que les parties en cause ont toutes les qualités requises pour agir ainsi qu'elles le font et il refusera l'inscription s'il le juge à propos, sauf aux tribunaux de droit commun auxquels les parties peuvent en appeler, à le dégager de sa responsabilité par une mise en demeure à fin d'inscription.

Aussi, l'acquéreur, une fois muni de son titre, a une sécurité égale à celle dont jouissait le titulaire originaire après avoir fait enregistrer son titre, c'est-à-dire absolue. Il n'a en effet aucune incertitude à avoir sur la légitimité des droits de son auteur puisque celui-ci était inscrit comme véritable propriétaire et que d'ailleurs cette inscription, fût-elle erronée, toute action en revendication de la part d'un propriétaire dépossédé n'en serait pas moins écartée. L'acquéreur n'a pas davantage d'incertitude sur la nature des charges qui peuvent grever sa nouvelle propriété car il lui a suffi de jeter un coup d'œil sur le Certificat de titre de son vendeur pour prendre connaissance de toutes les hypothèques, servitudes ou baux qui peuvent peser sur l'immeuble et si, par hasard, quelque charge ne figurait pas sur le titre et sur le folio matricule, elle serait non avenue ; l'acquéreur n'aurait donc pas à en tenir compte.

Ce que nous venons de dire au sujet des garanties offertes à l'acquéreur du fonds, nous pouvons le répéter en ce qui concerne la situation de celui qui acquiert sur l'immeuble non plus le droit de propriété, mais un droit réel quelconque. En effet, toute transaction ou fait juridique concernant la propriété immatriculée (bail, mortgage, incumbrance, cession et résiliation de bail, transmission par contrat de mariage, testament, succession ou jugement), tous ces actes ou faits juridiques, disons-nous, sont, de même que l'aliénation, assujettis à l'inscription (1).

Il est dressé un mémorandum en double et le *Registrar General* rappelle l'inscription par une annotation sur les deux doubles du memorandum dont l'un reste au bureau et l'autre est remis au locataire, créancier, etc..., suivant le droit dont il s'agit. Ainsi chacun a entre ses mains la preuve de son droit dont une copie existe au bureau, et toute personne peut s'assurer que ce droit est efficace en voyant la mention du *Registrar General* sur le memorandum qui atteste que la double inscription a été faite (2).

1. Cependant, si, entre parties contractantes, une convention n'est valable qu'après qu'elle a été inscrite, l'inscription n'empêche pas que la convention puisse être attaquée. Seulement, jusqu'à ce qu'une décision judiciaire intervienne, le danger qui menace le droit apparent du titulaire inscrit est signalé sur le titre par une prénotation. Si un tiers avait, antérieurement à cette prénotation, un droit acquis, il ne serait pas touché par l'issue du procès quelle qu'elle fût. Si au contraire il avait traité postérieurement à la prénotation, il ne pourrait plus opposer sa bonne foi.

2. Bien des cas affectant la propriété peuvent se présenter dans les détails desquels nous ne pouvons entrer, tels que les partages entre copropriétaires, les mutations après décès ou résultant d'un contrat de mariage ou d'une vente après faillite, etc... etc... ; qu'il nous suffise de savoir, que, quel que soit le cas qui se présente, l'idée

A propos des hypothèques, une des conséquences du principe du publicité du système Torrens va être la suppression de toutes les hypothèques générales et occultes et des privilèges dispensés d'inscription. En effet, doivent être forcément inscrits tous les actes de nature à modifier la condition de la propriété. Or, l'hypothèque et le privilège sont bien des actes de cette nature. Pour pouvoir inscrire une hypothèque ou un privilège, il faut donc le publier et le spécialiser et par conséquent supprimer les hypothèques générales et occultes et les privilèges dispensés d'inscription ou les remplacer tout au moins par des hypothèques spéciales et déterminées. Et, comme il faut, malgré tout, protéger les incapables ou faibles d'esprit en faveur desquels ces hypothèques avaient été et sont constituées encore aujourd'hui dans la législation française, la loi Torrens va pourvoir par un autre moyen à leur protection.

Nous n'insistons pas sur cette question, car nous aurons à la traiter en détail au sujet de la loi tunisienne de 1885. Qu'il nous suffise pour le moment de savoir que cette partie de la législation a été fort bien comprise en Belgique et a reçu son application dans ce pays en 1851. Les législateurs français et tunisiens de 1885 ont du reste sur ce point copié à peu près cette loi de 1851.

maîtresse reste toujours la même: le principe de publicité est respecté, toutes les précautions sont prises pour éviter la fraude et dans ees conditions on peut appliquer et l'on applique sans crainte le principe de légalité.

Ainsi, la constitution d'une hypothèque ne produira ses effets, comme toute autre modification dans le droit de propriété, qu'après avoir été inscrite sur le *Registre-Matrice* et sur le Certificat de titre de propriété. Cette inscription hypothécaire devra contenir une indication exacte de l'immeuble grevé d'hypothèque et se référer à la description contenue dans le Certificat de titre. L'hypothèque sera inscrite dans l'ordre de sa présentation au *Registrar General* et prendra rang suivant la date de son enregistrement et non suivant la date de sa confection.

Le jour où le propriétaire se sera libéré de sa dette hypothécaire et voudra obtenir mainlevée de l'hypothèque, il fera signer par le créancier une décharge au dos de l'acte d'hypothèque, le memorandum dont nous parlions tout à l'heure lorsqu'il était question du transfert d'un droit réel en général ; il fera certifier cette signature par un témoin ; il enverra cet acte, en y joignant comme toujours son acte de propriété, au *Registrar General.*

Celui-ci mentionnera la décharge sur le folio-matricule de son registre et produira la même mention au dos du titre de propriété qu'il retournera au propriétaire ; il frappera ensuite les deux actes d'hypothèque (celui qui lui a été envoyé avec la décharge signée du créancier hypothécaire et celui qui était conservé au bureau foncier depuis la constitution de l'hypothèque) d'un timbre d'annulation.

En cas de non paiement soit du principal soit des intérêts de la part d'un débiteur hypothécaire, le créancier pourra, après une sommation restée infructueuse, vendre, aux enchères publiques, ou à l'amiable, l'immeuble hypothéqué et tous les droits réels engagés pour sûreté de la créance ; l'enregistrement de cette vente aura pour effet de faire passer l'immeuble ou le droit réel vendu sur la tête de l'acquéreur, franc et quitte de toute hypothèque enregistrée postérieurement du chef de saisi.

Pour en finir avec les formalités à observer dans la constitution des droits réels, notons, en ce qui concerne les baux, que ceux-ci sont soumis aux règles ci-dessus dès que leur durée dépasse un an.

Le bail rédigé comme d'ordinaire sur une formule imprimée est envoyé au *Registrar General* en même temps que le Certificat de titre du bailleur. Le *Registrar General* inscrit les mentions essentielles du bail, comme toujours, sur le *Registre-Matrice* et au dos du Certificat de titre. Si le bail vient à finir par l'arrivée du terme convenu, rien de particulier à faire, le principe de publicité est suffisamment respecté, puisque les tiers sont renseignés par la date du bail inscrite sur le Certificat et sur le registre. Mais, s'il vient à finir par une résiliation, il faut que le *Registrar General* mentionne la résiliation sur le Certificat et sur le *Registre-Matrice* et qu'il frappe l'acte de bail et son double conservé au bureau foncier d'un timbre d'annulation.

Tout propriétaire inscrit peut faire réunir en un seul Certificat de propriété les titres relatifs à plusieurs immeubles contigus. Et inversement.

En cas de perte du Certificat de titre, le propriétaire

peut obtenir du *Registrar General* un Certificat provisoire après enquête et publications. Une mention spéciale est alors inscrite sur le folio matricule.

Le droit de recherche, si parcimonieusement mesuré au public par la plupart des législations hypothécaires de l'Europe, est, en Australie, dégagé de toute restriction ; tout le monde peut se faire communiquer le *Registre-Matrice* sans avoir besoin de justifier préalablement de sa qualité de partie au contrat ou de l'intérêt qu'on peut avoir à cette communication.

APPENDICE

Avant d'entamer la question du crédit foncier et de la mobilisation du sol dans le régime australien, il nous reste à dire quelques mots sur l'organisation du *Registre-Matrice* et des bureaux fonciers, sur le fonctionnement du fonds d'assurance et enfin sur le caractère des attributions du *Registrar General*. Ces quelques explications sont indispensables pour se faire une idée bien nette du fonctionnement de l'Act Torrens et de la conception que s'en était fait Sir Robert Torrens.

A. — *Organisation intérieure des bureaux fonciers et du « Registre-Matrice ».*

Dans la plupart des colonies australiennes (South Australia, Werstern Australia, New South Wales, Victoria, Queensland, Tasmanie), tout le travail concernant les immatriculations et les transferts de droits réels est concentré dans un bureau unique, au chef-lieu de la colonie. Cette concentration des opérations permet de confier ce travail à des hommes capables de les exécuter plus rapidement et plus sûrement et de réaliser une économie qui compense et bien au-delà les frais de poste et télégrammes nécessités par l'éloignement. Cela permet de plus de rétribuer beaucoup plus largement les employés de ces services, dont les places sont très demandées et recherchées.

L'organisation du *Registre-Matrice*, empruntée, comme nous le verrons tout à l'heure, à l'Allemagne, est très simple et très pratique.

Chaque immeuble est désigné non plus par le nom du propriétaire, mais par le numéro qu'il occupe sur le plan cadastral. Un compte lui est ouvert sur un feuillet spécial du *Registre-Matrice*. On y inscrit tous les actes qui sont de nature à affecter la condition juridique du sol. L'immeuble acquiert ainsi une individualité juridique propre, indépendante de la personne du propriétaire. S'il est morcelé, le titre de propriété est annulé, les divisions nouvelles sont portées sur le plan cadastral ; un compte est ouvert sur le *Registre-Matrice* à chacun des immeubles ainsi créés. Un pareil système suppose l'existence d'un plan cadastral d'ensemble sur lequel viennent se grouper successivement les immeubles immatriculés ; il nécessite une concordance continue entre ce plan et le *Registre-Matrice*. Sur ces deux documents doivent être simultanément constatées les modifications apportées à la propriété.

Inutile d'insister sur les avantages qui peuvent résulter d'un pareil système. Toute recherche devient prompte et facile, puisque le titre de propriété a le numéro du volume et du folio matricule où se trouve inséré le Certificat correspondant.

Quand la propriété n'est constatée que sur un registre, il faut toujours se livrer à des recherches et à des écritures plus ou moins longues et dispendieuses. Grâce au Certificat de titre qui est en quelque sorte une feuille détachée du *Registre-Matrice*, le miroir où se réflète exactement l'état juridique de la propriété, le propriétaire porte sa terre dans sa poche et en dispose à volonté.

Robert Torrens dit à ce sujet : « Le titre de propriété même excellent est semblable à un lingot d'or, il faut à chaque transfert le peser et l'essayer et pour cela en enlever un morceau (1). Mais une fois qu'il a passé par l'hôtel des Monnaies, ce lingot, devenu monnaie légale peut passer de mains en mains sans détérioration et sans perte de temps ». L'enregistrement et la délivrance du titre par les soins de l'Etat est l'équivalent de la frappe de la monnaie.

Cependant l'inscription sur le *Registre-Matrice* n'est pas inutile, tout au contraire, elle offre de toutes autres garanties qu'un simple Certificat. Le droit de propriété serait vraiment trop précaire s'il ne reposait que sur une

---

1. Sir Torrens fait ici allusion aux droits énormes d'enregistrement qui, dans la plupart des pays, et en France particulièrement, prélèvent à chaque mutation une fraction de la valeur de l'immeuble.

feuille de papier. Il peut être falsifié et même être fabriqué de toutes pièces. Nous en verrons des exemples lorsque nous étudierons la législation tunisienne et la pratique défectueuse des « outikas ».

En somme, les deux mesures se soutiennent et se complètent réciproquement. L'enregistrement confère plus de sécurité, le titre portatif procure plus de facilités.

B. — *Emploi du fonds d'assurance.*

Nous avons vu quel rôle jouait le fonds d'assurance, dans le cas où l'immatriculation d'un immeuble était requise au nom d'un faux propriétaire et que le véritable propriétaire par suite des effets en principe irrémédiables de la purge n'avait plus à sa disposition qu'une action personnelle en dommages-intérêts à exercer contre l'Etat, l'action en revendication lui étant refusée. Nous avons ajouté que grâce aux précautions dont la loi s'est prémunie et aux formalités de publicité de toutes sortes qu'elle exigeait avant l'immatriculation, il était très rare en fait que le fonds d'assurance fût mis en cause.

Mais le fonds d'assurance a un autre rôle, il est responsable pécuniairement de toute erreur du *Registrar General* et de toute éviction dont peut être atteint un individu par suite d'inscription prise irrégulièrement par des tiers. Ce cas se présente rarement car l'examen des actes avant l'inscription tarit la source de la plupart des

litiges. Cependant, si ces cas sont rares, ils existent toutefois et il était bon de noter ce point.

C. — *Attributions du Registrar General.*

Le rôle du *Registrar General* n'a aucun rapport
avec celui de notre conservateur des hypothèques. Ce
n'est pas un simple fonctionnaire chargé de transcrire
les actes qu'on lui présente purement et simplement
sans avoir à connaître de leur validité. Quoique n'étant
pas un juge mais seulement un fonctionnaire administratif, son rôle peut plutôt se comparer à celui du
juge foncier prussien le « *Grund Buchrichter* ». Il
exerce en effet de véritables attributions judiciaires : Il
doit discuter et vérifier les actes produits à l'appui de la
demande en immatriculation, prescrire toutes les mesures de publicité nécessaires pour protéger les intérêts
des incapables, des absents et des tiers qui pourraient
être lésés par la procédure de purge, admettre ou rejeter
la demande en immatriculation, (sa décision dans le second
cas doit être motivée et peut être réformée par voie
d'appel), rédiger les titres de propriété et les inscrire sur
les registres dont la conservation et la tenue lui sont con-
fiées, s'assurer que les parties ont la capacité légale
pour contracter.

Le *Registrar General* peut appeler en témoignage

devant lui sous peine d'amende les tiers créanciers ou titulaires de droits réels, les sommer de présenter les pièces qu'ils ont entre les mains. Il peut déférer le serment ou exiger des personnes appelées par lui en témoignage une attestation écrite de la sincérité de leur déposition.

Il peut corriger les erreurs commises sur les Certificats de titre ou sur le *Registre-Matrice* ainsi que les omissions, en ayant soin de ne pas effacer et rendre illisibles les mots corrigés.

Tous ces droits, il les possède, qu'il s'agisse de l'immatriculation de l'immeuble aussi bien que de l'inscription ultérieure d'un droit réel.

Il peut mettre arrêt à tout transfert ou toutes transactions au nom de la Couronne, d'un absent ou d'un incapable. Il en est de même si les droits d'un tiers lui paraissent compromis par la délimitation abusive de la propriété contiguë, etc..

Tout document présenté comme émanant du *Registrar General*, écrit de sa main ou sous ses ordres, revêtu de son sceau officiel ou de sa signature ou de celle de son remplaçant, est reçu comme preuve et présumé sincère jusqu'à preuve contraire. (Art. 7. Act Torrens).

Le *Registrar General* est personnellement à l'abri de toute poursuite dirigée contre lui à raison d'une faute par lui commise en sa qualité, à moins qu'elle ne soit volontaire.

Section III

Mobilisation du sol et crédit foncier.

Nous avons vu comment Torrens avait résolu ces deux problèmes : asseoir la propriété sur des bases solides et indiscutables ; assurer une constitution simple et rapide du gage, faciliter les transactions en leur donnant toutes les garanties de rapidité et de sécurité.

Il lui fallait résoudre un troisième problème pour achever l'œuvre qu'il avait entreprise. Et cette œuvre était si bien combinée, que ce problème va se trouver tout naturellement résolu par les dispositions de l'Act Torrens que nous connaissons déjà. Nous voulons parler ici de la nécessité qu'il y a pour une loi foncière à faciliter le crédit, à faire de la terre une source de richesses, non seulement par les produits naturels qu'elle fournit à son propriétaire, mais encore par le crédit qu'elle lui donne, lequel crédit lui permettra de retirer du sol toutes les richesses que celui-ci peut raisonnablement et normalement lui fournir.

Pour cela il fallait en quelque sorte mobiliser le sol, faire de la terre une richesse qui puisse circuler comme un titre de rente ou une action de socié é. Il fallait encore que les titres hypothécaires pussent se transmettre aussi aisément qu'un chèque ou un warrant.

C'est là le problème de la mobilisation du sol fondé sur ce principe incontesté d'Economie politique que les capitaux circulants sont plus productifs que les capitaux fixes. L'agriculture va disposer alors des mêmes instruments de crédit dont jouissent le commerce et l'industrie ; le sol pourra retenir les capitaux trop facilement attirés aujourd'hui par les spéculations de Bourse.

La mobilisation du sol ainsi engagée est la perfection même du régime hypothécaire : c'est l'élargissement et le développement du crédit, c'est l'augmentation du nombre des prêteurs, c'est par suite la diminution du taux de l'intérêt. On encourage ainsi la petite agriculture et on favorise les prêts hypothécaires de minime importance, si difficilement praticables avec notre organisation actuelle sous le régime français.

En divisant le capital de toutes les grandes industries en petites coupures facilement réalisables, on met la propriété à la portée de tous, résultat éminemment conservateur. On augmente les moyens de production en diminuant le loyer des capitaux. On sait que ce loyer représente la prime nécessaire pour couvrir le risque et la compensation qui correspond à la privation du capital engagé. Or, cette privation se mesure d'après l'importance du capital et la durée du prêt.

Si on emprunte à un capitaliste un million remboursable à long terme, il exigera un intérêt plus élevé que deux mille prêteurs souscrivant chacun une obligation de 500 francs négociable en Bourse, d'abord parce qu'il est plus facile de trouver deux mille capitalistes disposés à engager 500 francs chacun dans une entreprise que de rencontrer un seul capitaliste disposé à y exposer un million ; ensuite parce que, dans le premier cas, le capital constitué sous la forme de valeur mobilière est toujours réalisable ou dégageable du jour au lendemain, tandis que dans le second cas il est immobilisé à long terme. La privation est à son minimum pour le détenteur d'une valeur mobilière ; elle est au contraire à son maximum pour le propriétaire d'un capital immobilisé (1).

Or, si nous avons un minimum de privations, nous avons aussi un minimum de risques sous l'empire du régime Torrens.

En effet, la propriété assise et purgée dès son origine est à l'abri de toute contestation, les indications sur la situation juridique des immeubles sont des plus précises ; en ce qui concerne la capacité du propriétaire, les renseignements sont fournis aux tiers par les notes du *Re-*

---

1. Nous avons des applications de ce principe tout autour de nous. Le capital de nos grandes compagnies n'est-il pas divisé à l'infini et répandu dans le public sous forme d'actions et d'obligations ? C'est sur ce même principe de mobilisation que repose le système des obligations foncières émises par le Crédit Foncier de France. Seulement, la faculté de mobiliser le crédit hypothécaire a été monopolisée ; elle n'a profité qu'à la grande propriété ; il s'agit, par l'adoption du système Torrens, de la mettre à la portée de tout propriétaire, d'atténuer les inégalités entre la grande et la petite propriété ?

gistrar General qui doit inscrire tous les faits connus de lui et modifiant cette capacité (or le *Registrar Général* est choisi parmi les hommes les plus compétents, sè trouve placé de façon à être bien renseigné, et offre toutes les garanties d'impartialité que l'on puisse désirer); pour les transactions ultérieures, la foi due aux registres est absolue, toute cause de résolution ou de modification dans l'étendue du droit de propriété est relevée par une inscription. Avec tout ceci, une large publicité hypothécaire permettant à tous les intéressés d'être renseignés. Ainsi, le créancier, par la simple lecture soit du titre enregistré sur le *Registre-Matrice*, soit du Certificat de titre laissé entre les mains du propriétaire, saura exactement à quoi s'en tenir sur la valeur et l'étendue de son gage et ne courra aucun risque imprévu.

Les deux facteurs qui doivent fixer le taux de l'intérêt étant réduits à leur plus strict minimum, le taux de l'intérêt sera réduit dans les mêmes proportions.

Sir Torrens avait fort bien compris cela et le procédé qu'il a employé pour mobiliser à la fois le sol et les créances hypothécaires est aussi simple qu'ingénieux.

Nous avons vu qu'aucune opération concernant l'immeuble n'est valable si elle n'est mentionnée à la fois sur le titre et sur le *Registre Matrice* ; la représentation de ce document au *Registrar General* est donc la condition indispensable de toute transaction immobilière ; sa détention au point de vue de la constitution du gage équivaut à la possession de l'immeuble. On peut comparer exacte-

ment l'inscription sur le registre et le titre qui la constate à un titre de rente, à une inscription au Grand-Livre
de la Dette publique. Ce système se prête aux combinai-
sons les plus variées, soit pour aliéner l'immeuble, soit
pour le donner en gage.

Nous n'insisterons pas sur ces diverses opérations dont
nous avons dit quelques mots au chapitre précédent.

Qu'il nous suffise de reconnaître que, pour la vente, la
condition de propriété, son origine, et la preuve du droit
du vendeur étant exactement révélés par le titre, les parties peuvent aisément se passer des mandataires officiels
et supprimer du même coup les intermédiaires et les
actes coûteux. Le même fonctionnaire remplit l'office de
notaire et de conservateur des hypothèques. La propriété
circule librement, facilement et sûrement, sans aucun des
obstacles juridiques ou fiscaux qui, dans notre législation,
entravent sa transmission.

En ce qui concerne la constitution de gage, l'opération
est encore plus simple. Le système Torrens rend possibles les avances sur titre de propriété foncière. Le propriétaire est-il désireux de contracter un emprunt de
courte durée pour faire sa récolte ou tout autre opération agricole, sans révéler cependant au public ces embarras financiers, il dépose, dans une banque ou en nantissement chez un capitaliste, son titre de propriété. Le
créancier n'a pas besoin de prendre une inscription et
lui fait l'avance réclamée sans difficulté, la garantie
étant suffisante, puisque le propriétaire, dessaisi de son

titre, ne peut consentir ni aliénation, ni hypothèque, ni autre droit réel. A l'échéance, le titre est restitué contre remboursement. Cette opération se nomme en Australie le *mortgage in equity*. Le crédit de l'emprunteur n'est pas ébranlé, aucune trace des prêts ne restant sur les registres fonciers. Les opérations de banque sont facilitées car elles ont là un débouché nouveau pour leurs capitaux, lequel débouché, par son importance et sa sécurité, n'est pas à dédaigner. On facilite aussi les avances à court terme si nécessaires à la petite agriculture.

Mais ce système, par sa nature même, paralysant l'existence juridique de l'immeuble, ne peut être employé que pour les prêts de courte durée.

Si, par excès de prudence, le créancier veut s'assurer une plus grande sécurité, il adresse au *Registrar General* une opposition à toute aliénation ou toute constitution de droit réel sur l'immeuble qu'il désigne.

Le *Registrar General* inscrit cette opposition à l'encre rouge sur le folio-matricule de cet immeuble. Et, s'il arrivait que le propriétaire, homme de mauvaise foi, après avoir volé son titre qu'il a mis en gage entre les mains de son créancier ou après en avoir fabriqué un faux, voulût aliéner cet immeuble ou le grever d'hypothèques, le *Registrar General* ne le permettrait pas avant d'en avoir donné avis au créancier opposant qui, alors, aurait toujours le temps pour faire enregistrer son mortgage.

Les prêts hypothécaires à long terme ne sont pas moins faciles : les parties rédigent un acte sous seing privé,

.d'après une formule annexée à la loi ; le contrat d'hypothèque et le titre de propriété sont remis au *Registrar General*, qui procède aux inscriptions légales.

Ces créances hypothécaires se transmettent par simple endossement inscrit sur les registres. Cette faculté est évidemment très favorable au crédit. Le prêteur à long terme est moins exigeant, lorsqu'il est sûr de ne pas immobiliser son capital et de pouvoir le réaliser avant l'échéance en négociant son titre de créance (1).

C'est ainsi que Torrens a su combiner la mobilisation du sol et la mobilisation du crédit foncier signalées depuis

---

1. Le créancier hypothécaire peut encore céder son hypothèque par un acte de transfert en recourant à une formule toute imprimée et en faisant certifier sa signature par un témoin. Cet acte devra être envoyé au *Registrar General* qui inscrira le transfert sur le folio-matricule du registre et constatera aussi sur l'acte hypothécaire que le transfert a été enregistré à cette date. Si le Certificat de titre de propriété est présenté, le *Registrar General* mentionnera aussi le transfert sur ce Certificat, mais cette dernière formalité n'est pas indispensable, car le propriétaire qui a entre les mains ce Certificat peut par mauvaise volonté refuser la production de son titre. Il en résulte un inconvénient : il ne sera pas toujours possible sur le vu du Certificat de savoir quelle est la personne qui s'est fait céder le droit d'hypothèque et qui par conséquent, en est titulaire à un moment donné. Mais du moment que le Certificat porte que l'immeuble est hypothéqué, c'est là le point essentiel : peu importe que ce soit tel ou tel qui soit le titulaire de cette hypothèque. Il est du reste toujours facile de consulter le *Registre-Matrice* qui renseignera à ce sujet.

longtemps par d'éminents économistes comme un des besoins les plus certains de notre industrie agricole. C'est ainsi qu'il a su réduire à son minimum d'intensité l'un des deux facteurs qui entrent en ligne de compte dans le taux de l'intérêt de l'argent. Nous voulons parler de la privation du capital pour le prêteur puisque celui-ci peut, s'il a besoin de capitaux, faire argent comptant de sa créance hypothécaire en cédant son droit comme on cède un titre de rente ou une action ou obligation de grande société (1).

Section IV

Quelques mots d'appréciation sur le système Torrens en général.

Cette étude de la loi australienne étant terminée, il nous reste à faire quelques observations sur les résultats pratiques de cette loi, à voir les inconvénients qui furent reprochés à ce système et les avantages qui en sont la compensation :

1° Le système Torrens a un caractère facultatif : tout propriétaire est libre de l'adopter ou de s'en tenir au droit commun ;

1. Le système hypothécaire de Torrens était un grand progrès sur la législation anglaise qui oblige le propriétaire qui veut emprunter ou hypothéquer à transférer la propriété de sa terre au prêteur de deniers, opération compliquée qui rappelle l'antique contrat de fiducie du droit romain et qui, sans parler des frais considérables qu'elle entraîne, rend très difficile la constitution d'une seconde hypothèque.

2° Il a un caractère métropolitain : toutes les opérations relatives à l'enregistrement sont concentrées dans la capitale ;

3° L'enregistrement est exigé (1) pour tous les droits qui peuvent affecter un immeuble et cela non pas seulement pour les rendre opposables aux tiers, mais même pour les constituer entre les parties.

4° On enregistre les titres, tandis qu'en France nous n'enregistrons que les transferts. Les titres de propriété acquièrent alors une sorte d'individualité juridique propre, indépendante du possesseur. Un compte-courant leur est ouvert par le bureau du *Registrar General*, toute transaction, mutation, etc... est inscrite sur la souche et sur le Certificat de titre et ces doubles inscriptions doivent toujours se correspondre. Un coup d'œil sur la souche ou le Certificat de titre suffit donc pour faire connaître la situation d'un bien quelconque, comme il suffit d'un regard jeté sur un bilan pour faire connaître la situation d'un banquier.

5° Principe de publicité. Cette publicité est réelle et non personnelle, c'est là une conséquence de l'observation précédente, le compte étant ouvert sur le livre foncier non point à chaque propriétaire, mais à chaque domaine.

6° Principe de légalité. L'Etat garantit vis-à-vis des

---

1. Le mot inscription serait peut-être plus juste que l'expression technique d'enregistrement.

propriétaires immatriculés les erreurs commises dans l'immatriculation et la délivrance des titres et aussi dans les inscriptions de droits réels ultérieurs. Il est responsable pécuniairement vis-à-vis des ayants droit.

Ces deux principes de publicité et de légalité donnent aux acquéreurs et aux préteurs une sécurité absolue et complète. Inutile alors de s'occuper des anciens possesseurs et de rechercher l'origine de la propriété. Toute cause d'éviction occulte est écartée. Le droit de propriété est établi sur des bases fixes, puisqu'on le fait reposer sur l'existence d'un titre public et il est mis à l'abri de toute usurpation par la suppression de la prescription comme moyen d'acquérir. On met ainsi obstacle à de nombreuses fraudes. Les transactions se font aussi beaucoup plus rapidement.

7° Il est facile à tout propriétaire d'emprunter sur gage par la simple remise de son titre aux mains du prêteur.

8° Le droit de vérification et les pouvoirs judiciaires en cette matière sont attribués au fonctionnaire chargé de l'enregistrement, le *Registrar General*.

9° Les droits d'enregistrement sont très modérés et les frais de transaction ou mutation considérablement réduits.

10° La brièveté et la clarté sont substituées au verbiage et à l'obscurité par la suppression de toute solennité dans la rédaction des actes et l'emploi de formules imprimées à l'avance et stéréotypées pour les contrats usuels. Les transactions sont réduites à leur plus grande simplicité : un transfert d'hypothèque ou de bail, par exemple, se fera par simple endossement au dos de l'acte suivi d'inscription sur le registre et sur le titre (encore cette seconde inscription n'est-elle pas toujours nécessaire).

Il en résulte que toute personne peut être en mesure de faire elle-même ses propres affaires sans recourir au ministère des officiers publics ; l'étranger lui-même n'a pas à se livrer à une étude de la législation du pays où il réside, chacun peut acheter ou vendre des immeubles comme on le ferait pour des marchandises avec la même facilité et la même sécurité.

11° On mobilise le sol, on en fait une valeur d'échange transmissible à volonté sans fraude possible, toujours négociable et dont le possesseur peut disposer en l'aliénant, l'hypothéquant ou le donnant en gage.

12° Enfin le système Torrens ramène à leur véritable valeur beaucoup de propriétés qui se trouvent dépréciées par suite de titres défectueux et réduit dans une large proportion le nombre des procès en faisant disparaître les principales causes qui les engendrent.

Malgré tout, malgré les avantages indiscutables du système Torrens, quelques reproches lui furent adressés. Nous allons les exposer et y répondre.

On a dit : qu'il peut arriver que le véritable propriétaire pour n'avoir pas fait, en temps utile, opposition à une demande en immatriculation qu'il a ignorée, se voit dépouiller de sa propriété légitime et souvent sans recours possible.

La sécurité, dit-on encore, est complète, il est vrai, sous le régime Torrens, pour le propriétaire immatriculé, mais au prix de quel sacrifice !... le sacrifice des droits de ceux qui pouvaient avoir des réclamations légitimes à exercer sur l'immeuble et qui se trouvent dépossédés par une inscription de quelques lignes sur un registre, c'est-à-dire par un fait qui s'est passé à leur insu et à propos duquel ils n'ont pu intervenir. Le système Torrens ne se prête-t-il pas à la fraude et les immatriculations ne consacrent-elles pas l'injustice ; ne compromet-on pas ainsi les droits privés pour donner entière satisfaction aux exigences du crédit foncier, pour satisfaire un intérêt général d'ordre purement économique ; ne sacrifie-t-on pas la justice à l'utilité ?

En ce qui concerne le véritable propriétaire, dépouillé par une immatriculation requise a *non domino*, on peut répondre que : s'il est vrai que l'intérêt particulier est subordonné à l'intérêt général, il n'est pas pour cela sacrifié. Le propriétaire australien qui veut mettre son immeuble à l'abri de toute surprise et éviter de se voir dépouillé par une revendication poursuivie en son absence ou simplement à son insu a *non domino* n'a qu'à prendre les devants et faire immatriculer sa propriété.

Cependant, l'immatriculation n'est pas obligatoire et le propriétaire peut ne pas vouloir y recourir ; en ce cas, il sera toujours averti des tentatives de dépossession dirigées contre lui, il les connaîtra par les affiches et publications ordonnées par le *Registrar General*, par toutes les mesures de publicité requises pour l'immatriculation par la loi australienne. Il s'empressera de faire valoir alors ses droits en faisant opposition à l'immatriculation de sa propre chose demandée par autrui.

S'il n'a pu le faire en temps utile, il sera définitivement évincé. Mais ce cas, dans la pratique, ne se présente à peu près jamais, ou alors, il y a de la part du propriétaire dépossédé quelque négligence.

On ne peut cependant pas sacrifier l'intérêt général pour le cas isolé et extraordinaire d'un propriétaire dont tout fait présumer la négligence. D'autant plus que le véritable propriétaire, ainsi dépouillé de sa chose, peut revendiquer son immeuble s'il est encore entre les mains du spoliateur. Sauf ce cas (1), il n'a plus à sa disposition qu'une action personnelle en dommages-intérêts. Mais, dira-t-on, une compensation pécuniaire n'est pas toujours satisfaisante, et elle est même quelquefois illusoire si le recours s'exerce contre un incapable et s'il n'y a pas lieu à responsabilité de la part de l'Etat. Cela est vrai et cependant il y a des cas, où, dans l'intérêt général, on a admis la légitimité de la compensation pécuniaire et où elle était moins compréhensible que dans le cas présent. En 1841, nous avons accepté le principe de l'expropriation pour cause d'utilité publique ; or, les conséquences de la loi de

1. Le propriétaire peut encore intenter avec succès une action en revendication, lorsque dans l'immatriculation d'un immeuble voisin du sien, il y a eu erreur dans le bornage à son préjudice.

1841 ont été plus graves, assurément, que celles de la purge établie par l'Act Torrens, car il est payé en France de
nombreux millions pour cause d'expropriation, tandis
qu'en Australie les cas de dépossession ont été très rares
(115.000 francs en 15 ans ont été payés dans la colonie
de Victoria). De plus, on ne peut rien reprocher au propriétaire exproprié, tandis que l'on peut dans la plupart
des cas taxer de négligence le propriétaire légitime qui se
voit dépouillé par l'immatriculation.

Ce que nous venons de dire au sujet de l'expropriation
pour cause d'utilité publique pourrait se dire aussi de la
prescription ; elle consacre un droit qui peut être illégitime
et léser un véritable propriétaire et cela, dans l'intérêt
public.

Et cependant l'expropriation pour cause d'utilité publique est une règle indispensable et contre laquelle personne ne s'est élevé sérieusement, en principe.

Quant à la prescription, elle est nécessaire pour asseoir
la propriété dans un régime comme le nôtre ou la propriété n'est pas assise sur des bases solides comme en
Australie.

En ce qui concerne les tiers, propriétaires de droits
réels accessoires sur un immeuble, et qui s'en voient
dépouillés au moment de l'immatriculation de celui-ci
parce qu'ils n'ont pas fait valoir leurs droits en temps
utile, nous pourrons faire les mêmes observations qu'en
ce qui concernait le légitime propriétaire dépouillé par
l'immatriculation.

Celle-ci a été entourée de toutes les garanties possibles ; c'est un véritable jugement puisque le *Registrar General* exerce des fonctions judiciaires. Les tiers dont il s'agit ont été très probablement fort négligents. En tous cas, en une telle matière, l'intérêt privé ne doit pas tenir en échec l'intérêt public.

On a encore reproché au système Torrens la trop grande facilité qu'il donne d'aliéner la terre. Ne présenté-t-elle pas, dit-on, un danger sérieux et ne va-t-elle pas amener une instabilité permanente là où la fixité paraît être le but à atteindre ?

De même encore la trop grande facilité de constituer une hypothèque est peut-être bien plus dangereuse pour le proprietaire que la mobilité du sol.

Celui qui aliène, le fait en connaissance de cause ; celui qui hypothèque, au contraire, agit ainsi, pressé généralement par des besoins impérieux d'argent, et, comme le capital est remboursable à une échéance lointaine ou même amortissable, l'emprunteur se fait bien des fois illusion, et il arrive alors que l'action hypothécaire le surprenant en pleine quiétude, il se trouve dépossédé par l'expropriation sans avoir eu le temps d'y parer.

Nous répondrons à cela qu'il s'agit ici de pays neufs et que, dans cette hypothèse, la première génération d'émigrants ne présente, le plus souvent, aucune stabilité, soit à cause des difficultés insurmontables du début, soit encore parce que l'esprit d'aventure est aussi prompt au découragement qu'à l'enthousiasme. De ces émigrants quelques-uns seulement persistent, et il faut qu'une deuxième génération reprenne la succession abandonnée par ceux qui se sont trouvés trop faibles. Les nouveaux arrivants trouvent une partie de la tâche déjà faite ; les travaux auxquels ils doivent se livrer sont déjà bien moins fatigants que ceux de leurs aînés, un plus grand nombre va donc s'installer définitivement. Et ce ne sera qu'à la troisième, à la quatrième génération, que la stabilité existera complètement, la route étant tout à fait aplanie.

C'est d'autre part un fait reconnu qu'il ne faut pas compter comme colons tous ceux qui émigrent : il y en a toujours un certain nombre qui se sont trompés sur ce qu'ils croyaient leur vocation ; ceux-là, à peine arrivés dans la colonie, songent aussitôt à leur rapatriement; il faut donc toujours compter avec le « déchet » possible; quant aux autres, ils s'établissent, ils persévèrent et perdent définitivement tout esprit de retour. Or, de deux choses l'une : ou la colonie est encore tout à fait à son début et le peuplement en est contrarié par la changeante humeur du grand nombre des émigrants, alors un système du genre de celui de Robert Torrens aura précisément l'avantage de faciliter l'abandon de la terre par ceux qui ne se sentent pas capables de la cultiver et de faire venir une génération plus persistante; ou bien, un courant d'émigration s'est établi, la colonie se trouve progressivement mise en valeur, l'esprit de retour n'est plus à redouter en pareille occurrence, alors les craintes que l'on peut exprimer ne reposent sur aucun fondement sérieux.

Certes, si la mobilisation du sol n'avait d'autre résultat que de causer de perpétuelles mutations, « d'engendrer un stérile mouvement de rotation », elle serait néfaste ; mais il n'en est pas ainsi, la circulation facile de la propropriété semble bien, au contraire, assurer la possession de la terre par ceux qui savent l'exploiter. En effet, la mobilisation du sol et du crédit foncier, nous l'avons démontré précédemment, entraîne une diminution du taux de l'intérêt. Or, celui qui trouve à emprunter à un taux raisonnable n'a pas besoin de vendre son immeuble. S'il emprunte pour améliorer le fonds, pour perfectionner son outillage, pour construire, il s'attachera d'autant plus à la la terre qu'il l'aura fécondée et qu'elle rémunère mieux ses travaux.

Le développement du crédit territorial engendré par la mobilisation du sol tend donc à fixer la propriété.

Or, si le régime Torrens favorise l'extension du crédit immobilier, comment donc serait-il en même temps la cause de la ruine que l'on cherche à faire entrevoir ?

On doit donc s'efforcer de faciliter les transactions immobilières et le moyen le plus simple le plus réalisable, consiste certainement à diminuer les frais énormes qui font aujourd'hui d'une vente ou d'un emprunt une opération onéreuse.

L'activité des transactions immobilières, aussi bien que l'abondance des affaires mobilières, est un indice certain de prospérité. L'exemple de quelques spéculateurs malheureux qui sombrent à la Bourse n'a jamais été une preuve que tous les acheteurs de titres fussent condamnés à la ruine. De même, l'imprudence de quelques propriétaires fonciers qui abusent de la facilité d'emprunter ou de vendre ne saurait faire condamner un système qui peut contribuer au développement de la richesse publique.

Nous ne pensons pas devoir terminer cette étude du dispositif de l'Act Torrens sans citer les quelques lignes suivantes prises dans la préface d'un ouvrage de Trois-fontaines sur les *Livres fonciers*, et adressées à l'auteur par M. Edmond Picard, un de ses confrères au barreau de Bruxelles en 1889.

M. Edmond Picard, avocat belge, dit au sujet de l'Act Torrens :

« Cette merveille d'ingéniosité rend les lourds immeubles aussi déplaçables que les marchandises, aussi voltigeants que les billets de banque.

Je me souviens qu'étant à New-York, j'assistai au prodige d'une maison qu'un téméraire ingénieur soulevait de ses fondations par de compliquées machines pour y intercaler par dessous un rez-de-chaussée de boutiques.

L'ingénieur-jurisconsulte Torrens a fait plus fort par ses machines juridiques: non-seulement il soulève et suspend l'immeuble entre ciel et terre, comme, dans la mosquée d'Omar à Jérusalem, le rocher à selle de marbre d'où Mahomet partit sur une monture fantastique pour aller converser avec Allah, et, qui, ne se résignant pas à reprendre sa position, est resté en l'air, mais il le déplace, le transporte, le fait aller et revenir, jongle avec lui aussi aisément qu'avec n'importe lequel de ces *vilia mobilia* que le droit romain dédaignait à cause de leur inconstance d'assiette et qui, dans nos temps contemporains, ont si insolemment pris leur revanche en donnant comme formules du vrai et pratique patrimoine : *omniu mecum porto.*

Oh ! la supériorité de la fortune en portefeuille ; oh ! la décadence de la propriété foncière !

La statistique, cette grande dresseuse calme de procès verbaux, cette flegmatique faiseuse d'inventaires, a révélé ces jours derniers (c'est son offrande sur l'autel de la patrie à l'occasion du centenaire de la Révolution) que les *vilia mobilia* de France qu'on évaluait à 300 millions en 1789 sont présentement à 80 milliards.

Et encore ! Est-on jamais assuré de les avoir découverts tous, ces subtils, fuyants et cachottiers animalcules ? Autant vaudrait compter et taxer à juste prix les poissons des mers. Mais qu'importe, ce qui est intéressant..., et dramatique, c'est que les *nobilia immobilia,* jusqu'ici orgueilleusement assis dans leur gravité de continents, aspirent à s'émietter pour vaguer à leur tour dans l'océan de la circulation et y prendre leurs ébats comme de vulgaires baleines.

Et c'est l'enchanteur Torrens qui, les touchant de sa baguette juridique, opère le miracle.

Votre étude consciencieuse, savante, archi-pratique sur

ses œuvres de magie légale, surgit au moment psychologique, alors qu'il s'agit de rendre quelque dignité, quelque sécurité, quelque utilité à ces discrédités immeubles dont il semble que bientôt plus personne ne voudra. Ils sont là dans leur vieille et pesante armure juridique comme des chevaliers moyen âgeux casqués, cuirassés et bardés. A bas toute cette ferraille et qu'on les habille d'un uniforme léger! Qu'on puisse les faire manœuvrer à loisir et selon tous les besoins de notre existence moderne, instable et tournoyante! Que chacun, s'il a le malheur d'être propriétaire foncier, ait ce soulagement de sentir sa fortune en poche et d'en tenir le carnet de chèques, car, vraiment, il me paraît que cet Australien a inventé, ou si vous le voulez, rajeuni, puisque vous faites quelque peu honneur de la découverte aux Germains, le carnet de chèques des bâtisses, des champs et des bois.

On vous fera grise mine, mon cher confrère; on n'aime pas ici les novateurs. C'est très grave de déranger les habitudes, entre autres les habitudes fondées sur une loi hypothécaire aussi universellement proclamée estimable et bonne que la nôtre. J'entends l'armée des notaires et des professeurs qui s'agite: elle sera bientôt rangée sous les remparts de l'antique citadelle Routine.

Et à vous seul, vous tentez l'assaut! Présomptueux! Mais quelle belle vaillance et comme avec joie je vous crie: « Courage et en avant ».

Quel salutaire exemple pour nos jeunes dont si peu osent sortir des vieux guérets, aux sillons monotones et stérilisés se prolongeant dans un indéfini passé jusqu'au droit romain, cette inusable base d'opérations de la pédantise juridique, toujours en train de peigner et de repeigner la vieille perruque dont elle s'affuble depuis des siècles de scolastique. « *Macte animo generose puer!* » Que les romanistes daignent accepter ce bout de latin en excuse à mes impertinences ».

CHAPITRE III

Les précédents de l'Act Torrens.

Malgré le mérite incontestable qui revient à Sir Torrens, il faut cependant reconnaître que son système n'est pas une législation improvisée de toutes pièces sans racines dans le passé, mais seulement l'adaptation ingénieuse aux besoins de pays neufs de principes hypothécaires appliqués depuis plusieurs siècles en Allemagne et que les législations européennes les plus récentes tendent de plus en plus à s'approprier. C'est là, en effet, qu'il faut aller chercher les précédents du système australien. Rob. Torrens s'exprime ainsi à ce sujet : « On me dit que mon système est impraticable, mais je réponds à ceux-là en les renvoyant aux villes de la Hanse, dans lesquelles un système analogue est en usage depuis six cents ans ; elles n'ont jamais adopté le système féodal mais elles sont restées fidèles au système saxon (1). »

1. Il n'y a peut-être pas opposition si bien accusée que le prétend sir Rob. Torrens entre le système féodal et le système saxon.

Il s'agit ici de l'organisation des registres fonciers et des principes de publicité et de légalité, non de l'ensemble de la loi qui contient incontestablement des parties originales, telle est, par exemple, la rédaction en double du titre de propriété.

Torrens a trouvé dans le droit germanique une base solide qui lui a permis d'élever un édifice très hardi et très pratique et bien en rapport avec les mœurs d'une société jeune, soucieuse en tout du confortable et persuadée plus encore qu'on ne l'est dans la mère-patrie que *Time is money*.

Quoique l'organisation des registres fonciers en Australie ait été copiée sur l'organisation des registres allemands, il y a cependant quelques différences de détail qu'il est bon de noter.

Le *Grundbuch*, livre foncier allemand, est la contrepartie exacte du cadastre, il contient le catalogue complet de toutes les propriétés cadastrées et ce, dans l'ordre de la nomenclature cadastrale avec les numéros sous lesquels ils figurent au cadastre.

En Australie, le *Registre-Matrice* ne s'appuyant pas sur un plan de délimitation générale et ne se constituant qu'au fur et à mesure des demandes d'immatriculation, il en résulte que ces Certificats de titres ou feuillets fonciers y sont classés non pas d'après leur situation topographique, mais dans l'ordre chronologique. Pour faciliter les recherches il y a en plus, dans chaque bureau, une table alphabétique des propriétaires inscrits et un répertoire des propriétés immatriculées.

Le *Grundbuch*, comme le *Registre-Matrice*, doit mentionner : 1° La désignation de l'immeuble, son étendue et ses limites. 2° L'indication du propriétaire, la nature et l'origine de son droit de propriété. 3° L'énumération de toutes les charges ou servitudes grevant l'immeuble.

L'Allemagne avait adopté longtemps avant Torrens le principe de la publicité et de la spécialité de l'hypothèque. C'était là s'écarter du droit romain où l'hypothèque résultait de plein droit de l'authenticité du titre et s'étendait sur l'universalité des biens présents et à venir.

En Allemagne, toute personne qui revendique sur un immeuble un droit de servitude, d'hypothèque ou autre droit réel doit justifier d'une inscription à son profit, faute de quoi il n'y a pas de droit de suite sur l'immeuble et le droit réel dégénère en un simple droit de créance personnelle.

L'inscription est nécessaire pour la conservation de tous les droits réels quelles qu'en soient l'origine et la nature. Pareillement les causes de nullité et de rescision ne sont opposables aux tiers détenteurs qu'autant qu'elles ont été rendues publiques par la voie de l'inscription.

Le droit est-il litigieux ? Celui qui l'invoque peut toujours prendre une inscription provisoire, appelée *prénotation*, qui n'aura d'efficacité qu'au jour où le droit contesté aura été reconnu mais dont l'effet remontera à la date de l'inscription. Les cessions d'hypothèque doivent également être transcrites.

Les « lettres hypothécaires » — titres remis au prêteur et constatant l'inscription d'une hypothèque — sont transmissibles par la voie de l'endossement.

Le principe de légalité, enfin, est appliqué. — Les registres hypothécaires font foi des indications qu'ils contiennent, ils font preuve certaine des droits réels qu'ils mentionnent.

Nous avons vu toutes ces règles en étudiant l'Act Torrens, or, elles étaient déjà appliquées en Allemagne avant la promulgation du « Real property act ».

La France, imbue des principes du droit romain, a été jusqu'à ce jour opposée à l'introduction chez elle du régime foncier germanique. Cependant quelques tentatives furent faites à plusieurs reprises :

Le 9 Messidor an III, une loi, qui du reste, ne fut jamais mise en application, consacre le principe de publicité et crée les « cédules hypothécaires », hypothèques prises sur soi-même. L'hypothèque était alors considérée comme un droit non pas accessoire d'une créance, mais comme, un droit ayant une existence propre. C'était là, le système du warrant appliqué aux immeubles, la mobilisation du crédit foncier. D'après cette loi, tout propriétaire pouvait demander au conservateur de l'arrondissement la délivrance pour un certain temps de cédules représentant les trois-quarts de la valeur vénale de l'immeuble. Les cédules délivrées pouvaient être endossées.

Le système était alors prématuré ; il ne réussit pas : l'un de ses principaux vices consistait en ce que la valeur de l'immeuble était définitivement établie par le conservateur et que celui-ci en était responsable. A côté des cédules hypothécaires, on avait en outre laissé subsister le mode ordinaire de constitution des hypothèques (1).

1. Nous retrouvons dans la ville de Brême une législation analogue qui, elle, est appliquée.

Le propriétaire peut se faire délivrer sans contrôle et pour la somme qu'il veut des *handfesten* ou cédules. Ces *handfesten* sont hiérarchisées au point de vue de la garantie tout comme les hypothèques ordinaires qui valent plus ou moins suivant le rang de leur inscription. L'ensemble des cédules délivrées représente la propriété elle-même, car les *handfesten* ne sont pas douées comme nos hypothèques d'une faculté d'expansion sur toutes les parties d'un immeuble, elles affectent chacune une part divise de cet immeuble.

Si le propriétaire veut vendre, il lui suffit de remettre toutes les *handfesten* entre les mains de l'acquéreur ; pour hypothéquer, le propriétaire délivrera à son créancier une cédule de tel ou tel rang, ce qui est affaire entre les parties. Le rang est déterminé non par la date de l'engagement, mais par le numéro d'ordre de la *handfeste*. Si le créancier s'est contenté d'une cédule d'un rang inférieur, le propriétaire arrivera facilement, même dans les moments troublés, à emprunter l'argent qui lui serait nécessaire, car il pourra offrir les premières cédules qui sont de tout repos : le créancier choisit donc lui-même sa garantie.

La *handfeste* ne donne pas un droit de suite en cas de vente, mais un droit de préférence sur le prix de l'immeuble vendu.

Notre hypothèque périt avec l'obligation qu'elle garantit, la *handfeste*, au contraire, lui survit et, revenue aux mains du propriétaire de l'immeuble, peut être utilisée sans qu'il n'ait rien à déployer de ce chef.

Viollette   5

D'après la loi du 11 Brumaire an VII, les hypothèques conventionnelles ne pourraient garantir que des créances déterminées et les hypothèques ne porteraient que sur des biens présents. La nécessité de l'inscription serait étendue à l'hypothèque légale de la femme et du mineur. C'était l'application de la règle de la publicité et de la spécialité des hypothèques. On s'éloignait du droit romain mais tout cela n'aboutit pas.

En 1804, en France, a lieu la confection du Code civil; les différents commissaires chargés de ce travail : Portalis, Bigot de Préameneu, Réal, Cambacérès, discutèrent sur le point de savoir si on adopterait en France le régime foncier germanique ou si on s'en tiendrait aux anciennes règles du droit romain. Après bien des hésitations on transigea.

Le principe de publicité pour les hypothèques fut bien admis mais avec des restrictions. Les hypothèques légales, reconnues par la loi au profit des incapables, étaient dispensées d'inscriptions, sous prétexte que la sûreté de la femme ou du mineur devait être préférée à celle des acquéreurs et des créanciers. Restrictions encore aux principes de publicité et de spécialité, par l'organisation des hypothèques judiciaires, des privilèges, etc...

La loi du 29 mars 1855 complète l'œuvre en organisant sur des bases solides le système de la transcription. Cette loi nous régit encore actuellement et nous sommes loin du système Torrens.

Decourdemanche, en 1832, proposait en France un projet de loi qui dans ses règles fondamentales fut plus tard l'Act Torrens.

Tout propriétaire qui désirait faire mobiliser son immeuble avait le droit de procéder à une purge destinée à faire apparaître les hypothèques ou privilèges occultes et à les forcer à s'inscrire.

La purge, une fois accomplie, l'immeuble devait être inscrit sur les registres du cadastre soit comme libre, soit comme grevé de telle ou telle charge, mais il ne pouvait plus être grevé désormais d'aucune charge nouvelle (1). L'agent préposé à ce registre, devait délivrer au propriétaire un titre contenant les principales indications relatives à l'immeuble, et notamment, une reproduction du plan du domaine (2). L'enregistrement était exigé

1. Il nous semble que l'intention de Decourdemanche était de transformer le registre du cadastre en un grand livre de la propriété foncière, d'où publicité réelle plutôt que personnelle, c'est-à-dire que l'enregistrement devait se faire par nom d'immeuble plutôt que par nom de personne. Mais le projet de loi ne nous le disait pas expressément et ce n'est là qu'une supposition.

2. Le propriétaire devait recevoir un titre contenant les indications nécessaires, mais l'auteur n'avait certainement pas la pensée que ce titre dût être, sinon renouvelé, du moins arrêté à nouveau, mis à jour à chaque mutation.

Il paraît en outre évident que le fonctionnaire chargé de la tenue du registre du cadastre n'était investi d'aucun pouvoir de vérification et de contrôle et que son rôle devait se borner à enregistrer les

pour tous les droits affectant l'immeuble antérieurement
à la purge de celui-ci.

Decourdemanche substituait au régime hypothécaire
une vaste mobilisation du sol en créant des valeurs foncières assimilables aux rentes sur l'Etat. Dans son système, la propriété, dégagée de tous droits réels et hypothécaires, se transmettait sans entraves et, par là, des
valeurs énormes étaient rendues à la circulation. Le propriétaire, qui avait besoin d'argent, et qui n'empruntait
que parce qu'il ne pouvait vendre d'une manière oppor-
tune, pourrait ainsi se défaire de son immeuble avec facilité et en trouverait toujours un prix avantageux.

Au lieu de contrats de vente et d'antichrèse il n'y aurait
plus que des ventes à réméré. L'emprunteur passerait
sous le nom du prêteur le nombre de pièces de terre qui
serait nécessaire pour garantir la somme prêtée et il se
ferait remettre une promesse de vente pour l'époque à
laquelle il comptait rendre la somme avancée.

On peut reprocher à ce système de supprimer purement et simplement le crédit hypothécaire en voulant
trop l'améliorer.

Le système de Decourdemanche ne prévalut pas, mais

actes qui lui seraient présentés. Les garanties nécessaires devaient
probablement résulter de ce fait que ces actes ne pouvaient être que
des actes notariés ou des jugements, mais alors voilà la solennité
érigée en principe, ce qui ne constitue pas une simplification et ce
qui, en tous cas, est opposé à l'idée de Torrens.

il est probable que Torrens en eut connaissance et s'en inspira lorsqu'il rédigea le *Real property Act*.

Nous trouvons encore un précédent de l'Act Torrens dans un projet de loi élaboré par une Commission pour la colonisation de l'Algérie en 1843.

Des commissions spéciales commençaient par statuer sur l'attribution de la propriété aux ayants droit dans un périmètre déterminé en faisant dresser les plans et matrices qui devaient former le Livre général de la propriété algérienne.

L'inscription sur le Grand-Livre conférait à celui au profit duquel elle était faite un droit absolu et à l'abri de toute éviction. Les actions ou revendications, s'il s'en produisait, devaient être transformées en actions purement personnelles. Enfin, il devait être délivré au propriétaire inscrit une *grosse* pour lui servir de titre à l'avenir et devenir la base des transmissions successives dont les dits biens pourraient être l'objet.

Les conséquences du principe de l'assiette de la propriété paraissent avoir été poussées plus loin par la Commission algérienne de 1843 que dans le projet de Decourdemanche en 1832.

Celle-là, en effet, conférait au propriétaire inscrit un droit inattaquable et réduisait les réclamations des ayants droit à des simples actions en dommages-intérêts. En 1832, les effets de l'inscription n'offraient pas un caractère aussi absolu.

Nous trouvons dans ce projet de la Commission algérienne les germes de la loi australienne ; il eût fallu modifier ces dispositions bien légèrement pour que, dès 1842 l'Algérie fût dotée de son système Torrens qu'elle attend depuis plus de cinquante ans. Le rédacteur du projet et Sir R. Torrens se rencontrent pour adopter les mêmes mesures et des formules presque identiques, tant ces propositions sont logiques et se dégagent des nécessités de la situation qu'il s'agit de régler.

Nous ne parlerons pas ici de la loi belge de 1851 sur les hypothèques, nous aurons l'occasion d'en parler en détail au sujet de la Tunisie.

Nous voyons en somme que, si la loi australienne n'est pas une innovation et a eu des précédents, elle n'a pas eu à proprement parler de modèle et on ne peut contester à Sir R. Torrens la nouveauté et l'originalité de son système.

CHAPITRE IV

Les Applications de l'Act Torrens.

Pour en finir avec l'Act Torrens et pour n'avoir pas à y revenir, il nous reste à dire quelques mots sur les applications qui en furent faites dans la seconde moitié de ce siècle par les différents pays neufs en quête d'une législation foncière.

L'Act Torrens a été appliqué jusqu'à présent dans les pays ayant une origine récente et parfaitement caractérisée, où les propriétés proviennent de concessions de l'Etat.

Du jour où la terre entre pour la première fois sous le régime de la propriété privée, il est facile de constituer un acte de naissance parfaitement régulier, ce sera le point à partir duquel l'existence juridique de l'immeuble va se dérouler sans interruption et sans confusion. C'est là une situation unique pour la réussite d'un système qui s'applique justement à constituer des titres de propriété absolument sûrs. C'est là une base d'opérations qui nous fait complètement défaut en France, comme du reste dans tous les autres pays de l'Ancien Monde. La propriété

foncière n'y a pas d'origines connues, elles se perdent
dans la nuit des temps et d'ailleurs si on pouvait remonter à des milliers d'années, à ses origines premières, on
risquerait fort de trouver comme point de départ, non point
une concession légale et pacifique consacrée par le dé-
frichement, mais une occupation violente accomplie par
les armes.

Si l'on considère encore que tous ces pays sont habités
par des sociétés jeunes et affairées, où l'on se préoccupe
de faire vite plutôt que de faire bien, où l'on fait assez bon
marché de la justice sitôt qu'elle se trouve en conflit avec
l'utilité sociale, où les mœurs sont simples et les formes
odieuses, où la terre est surabondante, de peu de valeur,
par suite peu morcelée, et ne forme pas une catégorie à
part dans les richesses, où l'homme ne voit en elle qu'un
instrument de production et non un élément de conservation sociale, où la proprété foncière n'a encore que ses
caractères économiques et n'a point revêtu ce que nous
appellerons ses attributs moraux ; on se convaincra
aisément que là où ces conditions se trouveront réunies, le système Torrens est tout indiqué comme le mieux
adapté au milieu et que, si on l'introduit, même avec faculté d'option, il ne tardera pas, par le seul effet de la loi,
de la concurrence vitale et de la sélection naturelle, à
étouffer tous les autre systèmes législatifs et à prendre leur
place au soleil. (Gides. *Les applications de l'Act Torrens. Etude sur l'Act Torrens*).

Parmi les différentes colonies européennes, celles appartenant à la race anglo-saxonne étaient les plus aptes à l'adoption du système Torrens. Aussi toutes les colonies anglo-saxonnes, à commencer par les différentes colonies australiennes, s'occupèrent bientôt de mettre en pratique dans la mesure du possible les règles édictées par le député d'Adélaïde.

Dans le gouvernement de Victoria, nous trouvons la loi de 1862, modifiée par l'ordonnance sur le transfert des immeubles de 1886. En Queensland, nous avons les lois de 1861 et 1877. Dans le New South Wales, celles de 1862, 1873 et 1878. En Tasmanie, celles de 1861, 1863, 1867 et 1878. En New-Zealand, celles de 1870, 1871, 1874, 1876 et 1880. Dans la Western Anstralia, celles de 1874, 1878, 1879, 1880. Dans la Colombie britannique, dans les îles Fidji, dans la presqu'île de Malacca, en 1886, différentes lois appliquent le régime Torrens. En Amérique du Nord, l'Etat d'Iowa s'est rallié à ce système.

Le Gouvernement britannique a prescrit à deux reprises une enquête destinée à faire connaître le mécanisme de cette législation et ses résultats pratiques. Il l'a appliquée dans certains établissements de l'Inde, etc...

Dans toutes ces colonies, les lois et la pratique diffèrent sur divers points de détail, mais les principaux points du système sont partout identiques.

L'Angleterre elle-même et l'Irlande ont tenté de créer chez elle un système de législation analogue. En 1862, un Act de lord Wesbury, en 1875, un Act de lord Cairns, furent proposés dans ce sens.

Mais le système Torrens ne réussit pas plus en Angleterre qu'en Irlande, et cela pour plusieurs causes, notamment l'opposition des sollicitors et des hommess d'affaires, ce système rendant inutile leur entremise et diminuant les frais.

L'application de ce nouveau régime aurait restreint considérablement leur ministère et aurait diminué leurs prérogatives. Or, leur influence est très grande en Angleterre, beaucoup plus forte que celle des notaires chez nous.

En outre, l'Angleterre et l'Irlande sont des pays anciens et le terrain n'est pas convenablement préparé pour l'application d'un régime tel que celui qui nous occupe.

Mais cette raison n'est pas péremptoire et il est possible que si on appliquait en France le régime Torrens, quoique le terrain soit encore moins bien préparé qu'en Angleterre, notre pays ne s'en trouverait peut-être pas si mal.

La dernière cause, et probablement la principale, fut la déformation subie dans le système par les Acts de Wesbury et de Cairns, qui devaient le consacrer.

En effet, d'après ces Acts, l'enregistrement n'était pas exigé pour tout transfert sans exception. L'inscription sur le registre ne créait pas un droit absolu pour tout propriétaire inscrit, mais seulement pour l'acquéreur. Il y avait des droits *ad valorem* très élevés.

En ce qui concerne l'application de l'Act Torrens dans les Colonies et pays de protectorat français, les résultats

furent moins satisfaisants. La France ne possède guère
en fait de colonies que des territoires déjà occupés par
une population indigène qui, de temps immémorial, possède le sol et le cultive. Et c'est là un terrain beaucoup
moins favorable, semble-t-il, qu'il n'y a guère lieu d'espérer qu'une population généralement illettrée puisse goûter
beaucoup un système qui repose sur la foi due à l'écriture.

Cependant, peu après la mise en vigueur de la loi
foncière tunisienne, en 1885, loi copiée en grande partie
sur le *Real property Act*, et qui a donné de si bons résultats en Tunisie, mais dont nous ne parlerons pas ici, car
elle va faire justement l'objet de notre étude, il fut question, au sous-secrétariat d'Etat des Colonies, d'étudier l'application du système Torrens dans nos diverses possessions.

Un rapport du 21 novembre 1887 fut rédigé sur ce
point dans les bureaux.

Il y a lieu de distinguer deux genres de colonies :
celles soumises au régime législatif de la Métropole, telles
sont les Antilles et la Réunion ; celles soumises au régime
des décrets.

Il ne peut être question d'introduire une nouvelle organisation foncière dans les colonies du premier groupe sans
le concours du Parlement, et c'est là un premier obstacle.
En outre, de temps immémorial, il existe dans ces anciennes possessions une population indigène ou créole, devenue propriétaire, qui est en général illettrée ; nous avons
vu l'inconvénient qui en résultait. De plus, nos vieilles

colonies ont une tendance toujours plus grande à calquer leurs institutions sur celles de la Métropole.

Nous pouvons ranger parmi ce premier groupe, quoiqu'ils soient soumis au régime des décrets, nos établissements de l'Inde, à cause de l'organisation toute spéciale qu'on y trouve par suite de l'existence des castes.

En ce qui concerne nos colonies neuves, l'adoption du système Torrens serait plus facile. La propriété y est quelquefois naissante et le caractère facultatif que présenterait la réforme n'est pas sans être encourageant. Quand même il n'y aurait que les Européens qui en fissent usage, cela vaut bien la peine de l'introduire en leur faveur.

La Guyane, par exemple, est dans un état toujours précaire, l'agriculture est abandonnée, l'existence de là propriété indigène serait dans cette colonie un faible obstacle à une réorganisation de la propriété dans le sens du système Torrens. Dans la colonie de Tahiti, on a entrepris depuis longtemps l'inscription des terres sur le registre, afin de fixer l'assiette de la propriété et le cadastre y existe. Mais on a laissé jusqu'en 1880 les tribunaux indigènes statuer seuls sur les questions foncières et cette tolérance a eu des effets néfastes pour la propriété. Une réorganisation dans le sens qui nous occupe y produirait de bons résultats.

Au Sénégal, la question est plus délicate car il y a deux législations parallèles : la législation musulmane et la nôtre. Cependant ce ne serait pas là un obstacle insurmontable pour l'adaptation du système Torrens ; la Tunisie était dans le même cas et sa réforme a fort bien réussi.

La colonie Néo-Calédonienne est celle qui présente peut-être le plus de facilités à l'introduction du système Torrens ; elle est d'ailleurs d'influence australienne et elle possède la plus grande partie des avantages que l'on rencontre dans le Continent des mers du Sud. Il y existe un service qui enregistre régulièrement les concessions accordées par l'Etat. Ce dernier est propriétaire de tout le sol de l'île. Le mouvement agricole semble devoir progresser chaque jour davantage. C'est un terrain tout préparé (1).

1. Un projet de loi dont l'auteur est M. Noël Pardon, Gouverneur de la Nouvelle-Calédonie, fut rédigé en 1890.

En voici les points principaux :

Le régime sera facultatif sauf en ce qui concerne les terres domaniales.

L'immatriculation produit les mêmes effets que dans le système Torrens.

L'immatriculation est la condition *sine qua non* de la perfection de tous les contrats aussi bien à l'égard des tiers qu'entre les parties. Cependant il établit une distinction entre ce qu'il appelle les acquisitions contractuelles et les acquisitions non contractuelles.

La publicité et la spécialité sont de règle sauf exception en ce qui concerne les privilèges de l'art. 2101 du Code civil.

L'hypothèque judiciaire est en quelque sorte spécialisée : le jugement déterminera l'étendue de la garantie et l'immeuble ou les immeubles qui y seront affectés.

Des tentatives furent faites par notre Gouvernement pour faire appliquer l'Act Torrens dans les diverses colonies dont nous venons de parler, mais cela n'aboutit pas, les Gouverneurs envoyèrent des rapports qui concluaient tous de la même façon, prétendant que le moment n'était pas encore venu, qu'il était préférable d'attendre que le mouvement d'émigration soit devenu assez actif. Il nous semble que c'est là justement l'erreur et que c'est pour rendre le mouvement plus actif qu'il importe d'inaugurer dans les colonies le système Torrens.

Deux colonies cependant sont sur le point de réussir à adopter le système Torrens, je veux parler du Tonkin et des trois provinces indo-chinoises, le Cambodge, l'Annam et la Cochinchine. Dans ces colonies, en effet, certaines circonstances sont propres à favoriser l'application du système.

D'abord la fiction légale, sur laquelle Torrens faisait

Le Conservateur a exclusivement le rôle d'agent d'instruction en matière d'immatriculation et le juge, le rôle d'agent de vérification. Les créances hypothécaires peuvent être transmises par endossement. Le propriétaire calédonien peut se faire délivrer cinq cédules au plus dont le montant ne dépassera jamais les 3/4 de la valeur vénale de l'immeuble : les mêmes cédules sont numérotées par ordre de préférence (système emprunté à la fois à la loi du 9 Messidor de l'an III et au régime hypothécaire de la ville de Brême).

Ce projet n'a jamais fait l'objet d'études postérieures approfondies et cela est regrettable.

reposer sou système, à savoir une sorte d'investiture accordée par l'Etat, se trouve là une réalité. Il n'est guère de ces pays dans lesquels la terre ne soit censée appartenir plus ou moins au souverain et dans lesquels on ne puisse par conséquent constituer une origine à la propriété par un titre émané du Gouvernement dans les formes et sous les conditions qu'il plaira à l'Administration d'établir. Et si, dans ces pays, la propriété du sol n'est pas encore complètement sortie de l'état collectif et ne repose que sur une possession plus ou moins vague et précaire l'application du système Torrens sera précisément un moyen de la dégager de cet état d'indétermination dans lequel elle flotte encore et de la rendre mobile et disponible.

Aussi la réforme est sérieusement entreprise au Tonkin et nous ne doutons pas que d'ici peu nous ayons des résultats satisfaisants, les parties de l'Union Indo-Chinoise ne tarderont pas à suivre le mouvement.

Il nous reste à dire quelques mots de l'Algérie et de Madagascar.

Nous n'avons pas la prétention d'étudier dans ses détails la législation foncière algérienne. Cette question est en dehors de notre sujet et d'autres personnes beaucoup plus compétentes que nous l'ont traitée.

Nous renvoyons ceux qui s'intéressent à ce sujet à l'ouvrage de M. Pouyanne sur l'« Organisation de la propriété foncière en Algérie » 1895; au Rapport de M. Dain à M. Tirman, Gouverneur de l'Algérie, sur « l'Application de l'Act Torrens en Algérie », 1885 ; enfin au Rapport de M. Franck-Chauveau sur la propriété foncière en Algérie, 1893. (Nous ne parlons ici que des plus récents).

Qu'il nous suffise de savoir qu'une loi récente du 16 février 1897 est venue améliorer la situation de la propriété en Algérie qui, malgré les lois de 1873 et de 1887 n'avait pas fait de grands progrès. Cette loi est un acheminement vers l'application intégrale du système Torrens si réclamée par M. Dain. Désormais le Domaine délivre au propriétaire un titre qui lui assure la propriété à l'égard de tous et emporte purge des droits réels qui n'ont pas été maintenus à la suite de la procédure mise en œuvre pour l'établir. L'indigène aussi bien que l'Européen peut maintenant prendre l'initiative de cette procédure (Art. 1 à 4).

Les articles 5 à 11 contiennent différentes formalités de procédure qui ont beaucoup d'analogie avec celles de l'Act Torrens.

Cette loi abroge totalement la distinction entre la terre *arch* et la terre *melk*. Elle établit une procédure très rapide qu'elle entoure de la plus efficace publicité, enfin elle cherche à garantir la propriété indigène contre la spéculation.

Ces mesures sont excellentes mais ne sont pas suffisantes, elles ne protègent pas l'avenir. Il importait cependant de remédier d'urgence à des inconvénients sérieux issus des lois précédentes, c'est ce qui a mené le Parlement, pour cette fois encore, à ne pas résoudre intégralement la question.

Une réforme radicale avait bien été proposée et même discutée et votée au Sénat avant qu'il fût question de la loi nouvelle, nous voulons parler ici du projet Franck-Chauveau, mais cette réforme exigeait de longues études et la solution aurait encore été retardée pour longtemps peut-être.

A Madagascar, c'est autre chose et le décret du 16 juillet 1897 est un code qui n'est que la copie de la loi foncière tunisienne sauf quelques différences de détail,

Auparavant, la reine de Madagascar était, théoriquement du moins, propriétaire de tout le sol de l'île. Une loi du 27 mars 1881, qui réglementait l'usage de la propriété foncière, contenait une disposition en vertu de laquelle la terre ne pouvait être vendue ou hypothéquée à aucun étranger, malgré des traités antérieurs qui avaient autorisé l'aliénation des terres malgaches en faveur des sujets français et anglais. Ce fut une des causes des hostilités qui s'élevèrent entre nous et la monarchie malgache.

Depuis les derniers évènements, une loi foncière avait été promulguée par la Reine sous notre influence ; elle déclarait le sol, propriété de l'Etat malgache, elle stipulait toutefois que les habitants garderaient la jouissance des parcelles sur lesquelles ils avaient élevé des constructions et de celles qu'ils avaient eu l'habitude de cultiver jusqu'à ce jour. La même loi était surtout remarquable en ce qu'elle instituait à Tananarive une Conservation de la propriété foncière. Le Conservateur y était chargé de l'immatriculation des immeubles, de la constitution des titres de propriété, de la conservation des actes relatifs aux immeubles immatriculés, et enfin de l'inscription des droits et charges sur ces immeubles. Un service topographique était organisé pour dresser le plan des propriétés qui seraient soumises à l'immatriculation. Aucune aliénation postérieure de l'immeuble n'était valable que si elle était inscrite à la Conservation. Toute propriété immatriculée était inviolable et le titulaire ne pouvait être exproprié sans une juste et préalable indemnité.

Telle fut dans ses lignes générales la loi de 1897 qu'est venu réglementer définitivement le décret du 16 juillet 1897 dont nous parlions tout à l'heure.

Le décret de 1897 est facultatif, avec cette restriction toutefois qu'il est obligatoire dans tous les cas où des Européens ou assimilés se rendront acquéreurs de biens appartenant à des indigènes, ce qui, pratiquement, diminue beaucoup la portée du principe.

Les tribunaux ordinaires et les juges de paix à compétence étendue (1) connaissent en premier ressort de la demande d'immatriculation, et même ils jugent sans appel chaque fois que le relèvement de l'immeuble ne dépasse pas 150 francs.

1. Il ne pouvait être question de créer, comme en Tunisie, ainsi que nous le verrons tout à l'heure, un Tribunal mixte, vu l'organisation plus qu'embryonnaire de la Justice de paix dans la Grande Ile.

La Cour de Tananarive juge en dernier ressort et souverainement,

Notons encore que la règle de publicité et de spécialité des hypothèques n'a pas été appliquée d'une façon absolue et que l'on a conservé la plupart des privilèges sur les immeubles établis, par le Code civil.

Nous en avons fini avec l'étude de l'Act Torrens, ses précédents et ses diverses applications dans la seconde moitié de ce siècle (1).

Que l'on nous pardonne si nous nous sommes étendus si longtemps et avec tant d'insistance sur certains points de cette question qui nous ont paru particulièrement intéressants, nous avons pour excuse l'estime et l'admiration que nous professons pour le député d'Adélaïde, si peu connu de la génération présente et qui a rendu un si grand service aux colonies australiennes et par répercussion à nos colonies de Tunisie, de Madagascar et du Congo, sans parler des autres colonies qui, par la suite, se rangeront à son système, nous l'espérons du moins.

1. La France vient d'inaugurer, il y a à peine un an, au Congo Français, une application de l'Act Torrens et la réforme est introduite dans cette colonie avec une hardiesse et une liberté d'allures que nous ne retrouvons ni en Tunisie, ni à Madagascar.

Le décret du 28 mars 1899, organise au Congo le système des registres fonciers, c'est une victoire partielle des principes australiens. La législation française, dans ses parties inconciliables avec le nouveau régime foncier, a été très heureusement modifiée. Le champ d'expérience choisi pour la réforme, permettait, il faut l'avouer, l'initiative et l'audace.

Nous allons retrouver en étudiant la législation tunisienne un certains nombre des caractères que nous avons remarqués dans le Régime Torrens.

Ls détails que nous avons donnés nous permettront de passer plus rapidement sur les points communs aux deux législations et nous éviterons ainsi dans la mesure du possible des redites fatigantes.

DEUXIÈME PARTIE

CHAPITRE I

Le régime foncier tunisien antérieurement à la loi du 1er juillet 1885.

Section I. — *Historique. Régime du protectorat.*
Les rapports de la Tunisie avec sa Métropole.

Après la conquête de l'Algérie, une action militaire dans la Régence de Tunis fut reconnue indispensable par le Gouvernement français afin de mettre un terme aux déprédations dont nos sujets étaient victimes de la part des indigènes de l'Est et de punir le Bey de son hostilité contre nous. Il était nécessaire d'établir à Tunis notre influence d'une façon stable et permanente. C'est ainsi que nous fûmes appelés à intervenir dans l'histoire de la Régence.

On avait pensé tout d'abord à faire de la Tunisie une colonie française annexée sur le modèle de l'Algérie. On a préféré la mettre sous notre protectorat. Il semble que l'avenir ait donné raison à ceux qui ont institué ce protectorat quand on voit et quand on compare aujourd'hui les résultats obtenus et les progrès faits après soixante-dix ans dans l'administration de l'Algérie, et ceux de la Tunisie après vingt années seulement. En Tunisie, le proectorat nous a évité une conquête. « C'est l'économie d'une guerre de religion » a dit le cardinal Lavigerie.

En outre, ce procédé correspondait bien aux données de notre caractère national. En effet, rien de plus français que cette idée de protectorat qui comporte dans son essence un mélange de prosélytisme, de vulgarisation, de dévouement et d'autorité, toutes qualités inhérentes au caractère national.

Grâce au protectorat, nous avons certainement tiré de la Régence tous les avantages qu'elle nous eût fournis si nous l'eussions réduite au rang de simple colonie et nous avons en même temps écarté les charges et les responsabilités de l'administration.

Nous avons pu, en outre, conquérir progressivement à la civilisation une contrée à demi barbare, tout en respectant ses mœurs ; nous avons amélioré ses institutions sans les détruire et nous avons évité ainsi de nombreuses difficultés.

Une conquête brise en général les cadres de l'organisation du pays vaincu. Le protectorat, au contraire, a des prétentions plus modestes. C'est une simple évolution des institutions juridiques et politiques du pays protégé.

La condition spéciale de la Tunisie permettait avec facilité d'en faire l'expérience. On se trouvait dans un pays possédant un gouvernement organisé ; sans doute, comme dans tous les pays gouvernementaux, ce gouvernement était l'arbitraire même, c'était le régime de la faveur, régime bizarrement amalgamé du despotisme le plus absolu avec la faiblesse et l'inertie.

Malgré tous ses vices, ce gouvernement existait et il était la conséquence logique du tempérament intellectuel et moral du peuple qui lui était soumis. On a dû lui faire subir des réformes, mais on n'a pas eu à en constituer un nouveau et notre action a pu se produire sans choquer ce sentiment populaire et sans irriter le fanatisme si susceptible du musulman. Ce sont des actes signés du Bey et émanant de son autorité qui ont réalisé toutes les réformes du protectorat et c'est ainsi que notre influence a pénétré sans secousse, sans soulever de récriminations. L'autorité du Bey est assurément devenue presque nominale, mais elle nous a couverts de son prestige et a mieux assuré notre pouvoir que ne l'eût fait une puissante armée d'occupation. La souveraineté du Bey n'est plus qu'une souveraineté de parade et si, en apparence, on lui conserve le pouvoir de décision, en fait, il est contraint d'en user dans le sens qui lui est indiqué par notre Gouvernement.

Nous n'insisterons pas sur les événements historiques qui amenèrent la signature des traités du Bardo, 12 Mai 1881, et de la Marsa, 8 Juin 1883 ; ce dernier ratifié par la loi du 10 Avril 1884. Ce qu'il est intéressant de savoir au point de vue qui nous occupe, c'est que la France est, en Tunisie, dans une situation bien meilleure que celle qui résulterait de l'interprétation rigoureuse des traités dont il s'agit.

L'autonomie du Gouvernement beyclical est devenue en réalité absolument théorique.

Grâce à un ascendant, légitimé d'ailleurs par les services rendus, grâce aussi à l'habileté diplomatique et au tact de nos Résidents généraux qui ont su gagner progressivement du terrain sans froisser des traditions respectables et des droits sacrés par eux-mêmes, nous avons mis la haute main sur les affaires du pays en imprimant une direction absolue à l'initiative du Bey et en plaçant des fonctionnaires français à la tête des différents services de l'Administration.

Et si, par respect des mœurs politiques et des habitudes sociales et religieuses de la nation, nous avons laissé en contact avec les populations, des agents de leur race, nous avons su, par une puisante organisation du contrôle, assurer notre autorité et éviter les embarras qu'aurait pu nous créer une hostilité de leur part.

Ainsi il existe entre la France et la Tunisie un lien ayant un caractère de curatelle. La puissance protectrice ne se substitue pas au protégé, elle ne le représente pas. Elle se contente de le diriger, de lui conférer son « *consensus* » en venant parfaire par son intervention, une capacité juridique incomplète.

En matière internationale, la diplomatie française a entièrement substitué son action à celle du Bey et a directement conclu avec les tierces puissances des engagements qui ont lié la Tunisie sans que le Bey y soit personnellement intervenu.

Dans le domaine de l'Administration intérieure, on a vu nos agents occuper peu à peu tous les postes élevés et toutes les fonctions supérieures, de telle sorte que la mainmise du Gouvernement français s'est exercée en fait sur toutes les branches de l'administration ; aussi ses vues ont-elles triomphé avec la plus grande facilité.

Et cependant, ce protectorat de la France sur la Régence de Tunis, est des plus rigoureux en réalité ; un de ceux où la personnalité du protégé est le plus effacé et où il ne possède plus la moindre initiative ; il est d'une timidité outrée si l'on s'en tient aux termes des traités. C'est l'un de ceux où la souveraineté interne du protégé est la plus étroitement respectée. Il y a loin entre lui et ces protectorats d'ordre colonial où l'emploi du régime n'est pas le résultat d'une convention, mais l'acte unilatéral du protecteur qui ne cherche qu'à faciliter pour lui l'administration du territoire soumis à sa domination.

Il n'y a pas la moindre comparaison à formuler entre notre protectorat dans la Régence et celui que nous avons constitué dans d'autres régions, au Cambodge, par exemple, où le pouvoir, soi-disant protégé, n'a pas de souveraineté réelle et n'est qu'un intermédiaire entre nous et la population indigène, en nous dispensant de pourvoir par

nos propres ressources aux détails de l'action administrative.

Les résultats acquis en Tunisie proviennent surtout de
la pratique modérée et habile de nos agents diplomatiques,
de leur continuité de vues et de leur persistance à faire
pénétrer lentement notre autorité dans toutes les branches de l'organisme social par l'ensemble des moyens
mis à leur disposition.

Nous venons de voir les raisons qui font que la France
a acquis sur la destinée de la Tunisie une si grande importance malgré la timidité des diplomates qui ont rédigé
les traités du Bardo et de la Marsa.

D'où venait donc cette timidité et pourquoi ne pas
avoir consacré tout de suite et en droit cet état de fait
qui existe aujourd'hui ? Ceci s'explique à la fois par les
conséquences historiques et par l'intention politique du
gouvernement français lorsqu'il s'est assuré le protectorat
de la Régence.

Bien avant notre établissement en Tunisie la situation
de ce pays laissait prévoir l'intervention d'une puissance
européenne. Depuis longtemps, en 1870, notre agent diplomatique, M. de Botmiliau, avait averti le Gouvernement
de cette éventualité que la débâcle financière de la Régence rendait probable à brève échéance. L'institution de
la Commission financière ne sauva pas le pays, elle ne fit
que prolonger pendant dix ans une situation précaire et
sans autre issue qu'une intervention européenne. La
France avait, plus que toute autre puissance, le droit

d'imposer son autorité à la Tunisie ; non-seulement le voisinage de l'Algérie, mais encore l'importance des créances possédées par nos nationaux contre le Gouvernement beylical lui en donnaient le droit strict.

Malheureusement nous nous trouvions dans cette période qui a suivi la guerre de 1870, dans laquelle notre diplomatie, se sentant isolée, se montrait peu sûre d'elle-même et manifestait de nombreuses et dangereuses hésitations que le Gouvernement français partageait. De là, un retard sensible dans l'action. De là aussi, le jour où la situation fut devenue telle que la temporisation n'était plus possible, l'adoption du régime le plus atténué du Protectorat, la crainte même de prononcer ce mot dans le traité du Bardo.

Nous nous sommes félicités de cette préférence accordée au Protectorat sur l'annexion, mais si cette dernière solution a été écartée, ce fut très probablement moins la suite d'une étude comparée des avantages de ces deux régimes que la conséquence d'une timidité outrée et inquiète. Cette même timidité se manifesta dans le traité du Bardo quand cet acte diplomatique parut limiter notre intervention dans les affaires intérieures de la Régence à une occupation militaire indiquée comme temporaire puisqu'il était stipulé formellement qu'elle prendrait fin lorsque l'administration locale serait en état de garantir le maintien de l'ordre.

On peut expliquer de la même façon l'article 4 du traité du Bardo dans lequel le Gouvernement français s'est porté garant de l'exécution des traités passés entre le Bey et les tierces puissances ; cette clause nous a causé un grand préjudice quand nous avons voulu organiser notre juridiction.

Nous en ressentons encore aujourd'hui les effets, lorsque, dans nos tentatives pour réglementer les rapports du commerce international de la Régence, nous nous heurtons au traité anglo-tunisien du 19 Juillet 1875, qui est perpétuel, et qui, comportant la clause de la nation la plus favorisée au profit de la Grande-Bretagne, nous met à la merci de cette puissance.

Aussi, peut-on dire que si notre diplomatie évita de la sorte en 1881 certaines difficultés, elle compromit gravement l'avenir.

Cette erreur se fit sentir lorsque, après la pacification du territoire de la Régence et la répression de l'insurrection qui entraîna le bombardement de Sfax, on voulut procéder à la réforme de l'organisation intérieure du pays.

En droit, les procédés d'action nous faisaient absolument défaut, et si le traité du 8 juin 1883 améliora la situation, il était cependant notoirement insuffisant.

Il fallut donc remédier par une pratique habile aux défectuosités des traités du Bardo et de la Marsa. Ce résultat a été obtenu grâce à la politique franche et adroite de la France, qui sut convaincre le Bey de la loyauté de ses intentions et obtenir son assentiment à toutes les mesures qu'elle a jugées utiles.

Au point de vue extérieur, nous rencontrions de nombreuses difficultés : l'existence de la Commission financière avec sa main mise sur la richesse du pays, des concessions de capitulations qui permettaient aux puissances étrangères d'avoir en Tunisie des juridictions consulaires, des traités de commerce qui rendaient impossible l'existence d'une union douanière entre la France et la Régence et ne permettaient même pas l'octroi d'un régime de faveur pour nos importations.

Il paraît cependant certain que la France en sa qualité de puissance protectrice aurait pu s'assurer une situation exceptionnelle sans tomber sous la clause de la nation la plus favorisée.

L'art. 4 du traité du Bardo rend inacceptable dans l'espèce ce système employé par l'Autriche en Bosnie et en Herzégovine, système qui peut très bien se soutenir en théorie.

Dans la sphère d'action morale, notre protectorat a été un instrument d'ordre et de pacification ; au point de vue matériel, il a réorganisé les finances de la Tunisie, donné à l'administration locale un fonctionnement régulier et développé considérablement la richesse économique du pays.

L'œuvre n'est point terminée ; des expériences malheureuses et des hésitations en ont retardé l'accomplissement ; mais dans son ensemble, elle constitue, un succès pour notre politique coloniale. La réussite définitive est encore plus en pareille matière l'œuvre du temps que celle des hommes.

Puisse ce résultat ne pas être long à attendre, puisse-t-il être complet et rendre à cette ancienne province d'Afrique qui fut jadis le grenier de Rome sa prospérité d'autrefois.

Puisse surtout la race latine en remettant le territoire de la Tunisie sous son influence y effacer les traces dévastatrices de l'invasion musulmane et lui rendre son ancienne prospérité.

Rendons enfin hommage à nos Résidents qui ont gouverné la Tunisie pendant ces quinze années. Ils ont simplifié les organes français d'administration, ont assuré la sécurité des personnes et des biens. La transition du régime ancien à un régime de protectorat, plutôt effectif qu'apparent, s'est effectuée, grâce à eux, d'une façon insensible.

Nous avons cru devoir insister un peu sur la nature des rapports qui existent entre la Tunisie et sa métropole. Cela était indispensable pour nous éclairer sur l'esprit qui a guidé les législateurs chargés d'élaborer la loi de 1885 et les diverses lois qui l'ont modifiée par la suite.

Nous avons fait connaissance dans notre première partie avec l'Act Torrens, nous venons d'expliquer ce qu'est la Tunisie par rapport à nous, quel est l'esprit qui dirige tous les actes émanant de l'autorité dans la Régence. Nous pouvons maintenant aborder notre sujet proprement dit ; notre tâche est déjà à moitié faite, car toutes les théories et toutes les règles que nous allons rencontrer dans le régime foncier tunisien seront une conséquence logique des explications qui précèdent.

Section II. — *Du droit de propriété sous l'empire du régime foncier musulman.*

Le régime foncier tunisien avant 1885 était un bizarre mélange de règles excellentes en théorie et d'autres absolument fausses ; toutes du reste étaient dans la pratique mal appliquées.

Le principe musulman fondamental en matière immobilière était que Dieu, auteur de toutes choses, est le maître de la Terre et de tout ce qu'elle renferme. Le droit que les hommes peuvent acquérir sur les choses restent soumis au droit suprême du Créateur. Ils jouissent de la propriété utile, le domaine éminent est réservé à Dieu. Cette conception domine également la législation tunisienne.

L'Etat tunisien a un domaine (1) important qui se subdivise comme chez nous en domaine privé et domaine public.

1. Domaine est pris ici dans le sens de droit de propriété utile soumis au droit supérieur de Dieu.

Le domaine public, dont une partie, concédée à l'autorité militaire française, forme le territoire militaire, est inaliénable et imprescriptible.

Le domaine privé de l'Etat est soumis au même régime que celui qui appartient aux autres personnes morales et aux particuliers.

C'est de cette catégorie de biens dont nous nous occuperons seulement.

Ils peuvent se présenter sous deux formes distinctes : Les biens habous et les biens privés ou biens melk (1). Les

1. On trouve en Tunisie beaucoup de propriétés indivises, mais on n'y remarque point comme en Algérie, la terre arch, propriété collective de la Tribu ou tout au moins de la famille.

On peut donc relever entre le régime foncier de l'Algérie et celui de la Tunisie des différences assez sensibles, qui proviennent d'un développement plus rapide de la civilisation chez les habitants de la Régence que chez les Algériens. Rien n'interdit de penser que la Tunisie a connu, comme l'Algérie, la propriété collective, mais sous l'influence d'un état économique plus parfait, cette forme défectueuse a disparu alors qu'elle s'est maintenue en Algérie. Aussi le terrain était-il mieux préparé en Tunisie qu'en Algérie pour des réformes immobilières ; et nous verrons que le régime de 1885 n'a demandé que des modifications peu importantes, tandis que les lois foncières Algériennes sont au contraire l'objet de retouches constantes.

Notons, à ce propos, en passant, que les différences entre le régime foncier de l'Algérie et celui de la Tunisie expliquent les nombreux désaccords qui existent, en matière immobilière, entre la cour d'Alger et les Tribunaux de la Régence. C'est pourquoi nous croyons nécessaire la création d'une cour d'appel spéciale à la Tunisie.

biens habous, biens frappés d'inaliénabilité, objets d'une fondation pieuse, sont publics, si la pleine propriété appartient à une œuvre pie, ou sont privés si la nue propriété seule a été abandonnée à une œuvre pie, le constituant s'étant réservé l'usufruit pour lui ou pour d'autres bénéficiaires, ses enfants, par exemple. (C'est en somme une donation irrévocable dont la réalisation est reculée). Le donateur peut-être généreux puisqu'il ne se prive de rien, et ne prive pas non plus ses descendants s'il le veut. D'un autre côté l'œuvre pie à qui, à un moment donné, la donation reviendra, y trouve aussi son compte.

Aussi le nombre s'en accroît-il de jour en jour au grand préjudice de la fortune publique dont un des principaux facteurs est la libre circulation des biens. Il est vrai que depuis quelques années une pratique s'est répandue en Tunisie qui atténue beaucoup le principe de l'inaliénabilité des biens habous. Si ceux-ci ne peuvent être vendus, on en a autorisé l'échange, d'abord contre d'autres domaines de même valeur, puis contre des domaines de valeur moindre avec paiement d'une soulte pour parfaire l'échange, et enfin contre une somme d'argent. L'autorisation du cadi est bien exigée il est vrai pour ce genre d'opération et il ne devrait la donner que pour un motif absolument plausible, pour cause d'utilité publique, par exemple ; mais, en fait, on l'accorde sans grandes difficultés.

Les musulmans seuls peuvent constituer des habous. Leur origine est très ancienne. D'après la loi musulmane, ce serait Mahomet qui aurait créé cette forme de propriété. Le Prophète résolut de rendre inaliénable les nombreux dons que lui faisaient ses fidèles, pour qu'ils lui survécussent et lui servissent en quelque sorte de témoignage de sa puissance et de sa grandeur devant la postérité. Il consentit seulement à en attribuer les revenus aux siens.

Nous n'entrerons pas dans les détails de la législation des habous. Celle-ci est très compliquée et diffère suivant les rites musulmans qui l'appliquent.

Les biens melk sont ceux sur lesquels on exerce un droit de propriété pleine et entière, ce que nous appelons en France : biens dans le commerce.

On ne distingue pas en Tunisie entre les terres de dîmes (propriétés exclusives des particuliers) et les terres de conquêtes et de tribut ou kharadj (dont le domaine éminent appartiendrait au Sultan et la jouissance utile aux particuliers). Or, cette distinction est conforme aux habitudes des pays mulsumans.

Dans ceux-ci, en effet, (et il en était de même en Tunisie à l'origine) on distingue trois sortes de biens melk : 1° Les biens de conquête (kharadj) ; 2° Les terres distribuées par le Souverain à ses compagnons d'armes ; 3° Les biens laissés aux autochtones. Quant aux étrangers, ils ne pouvaient être propriétaires.

Tel était avant 1885 et tel est encore aujourd'hui pour ceux qui n'ont pas jugé à propos de se ranger sous l'empire de la loi du 1er juillet 1885 (car nous verrons que celle-ci, comme le *Real property Act* de l'Australie, est facultative) tel est, disons-nous, le caractère du droit de propriété et les différentes formes qu'il peut prendre.

SECTION III. — *Différentes sortes de droits réels immobiliers autres que la propriété, sous l'empire du régime foncier musulman.*

Les fonds tunisiens non immatriculés peuvent être grevés d'un grand nombre d'autres droits réels immobiliers. Tels sont :

L'enzel. — C'est la location perpétuelle moyennant une redevance annuelle invariable. Ce contrat a été imaginé pour suppléer à l'aliénation des habous. Les œuvres pies avaient bien des terres mais pas de capitaux pour les mettre en valeur. Elles louent alors la terre à perpétuité à des particuliers ou à des sociétés qui la mettent en valeur, lui donnent une plus-value et y trouvent tout leur avantage, la redevance annuelle étant fixée une fois pour toutes, devient bientôt insignifiante par rapport à la plus-value qu'a acquise l'habou.

Le *louage* est considéré par les musulmans comme l'achat de la jouissance d'un bien immobilier; le louage offre donc pour eux une grande analogie avec la vente.

L'enzel est alors considéré comme la vente perpétuelle du domaine utile d'un immeuble. De là deux droits réels immobiliers : celui du bailleur ou crédi-enzéliste et celui du preneur ou débi-enzéliste.

On peut tirer de cet état de fait des conséquences inté-
ressantes au point de vue juridique et dans les détails
desquelles nous n'entrerons pas.

Le droit d'enzel prend fin par résiliation volontaire et
par résiliation forcée. Ce dernier cas est possible : 1° Si
les arrérages ne sont pas payés pendant deux années
consécutives ; 2° Si le débi-enzéliste déprécie d'une manière dolosive la valeur de l'immeuble de telle façon
qu'elle ne soit plus suffisante pour garantir le paiement
de la rente ; 3° Par prescription, lorsque le débi-enzéliste
a possédé comme plein propriétaire l'immeuble tenu à enzel pendant le temps requis pour prescrire.

Le contrat d'enzel offre certains avantages au point de
vue économique : l'acheteur économise la dépense d'un
capital et peut par cela même employer l'argent dont il
peut disposer à la mise en valeur des terres.

Il est vrai que cet avantage n'existera que pour le premier acheteur à enzel, car le caractère de perpétuité du
droit fait que les inconvénients reprochés à la propriété
se reproduisent d'autant plus graves que la concession
est plus ancienne.

En effet, lorsque le débi-enzéliste cède son droit, il fait
payer au cessionnaire la plus value acquise par le fonds
de sorte que le premier enzéliste est le seul qui n'ait pas
à débourser de capital. La rente, qui primitivement présentait la valeur intégrale du fonds, n'en représente plus
qu'une partie, et la plus value prend une telle importance
que l'une peut devenir négligeable par rapport à l'autre.

Quand, exceptionnellement, le contrat d'enzel ne s'applique pas à un bien habou, il peut être stipulé une clause de rachat.

Parmi les autres droits réels nous pouvons citer :

Le *Kirdar*, forme de contrat d'enzel, présentant cette particularité que la redevance stipulée peut être augmentée lorsque l'immeuble acquiert une plus-value notable, plus-value provenant de l'accroissement naturel de valeur et non du fait du preneur à kirdar. La redevance peut de même être diminuée. Ce droit réel est peu usité dans la Régence.

Le *Khoulou*, la *hazaka*, la *meftah* et la *naçba*: divers droits de jouissance perpétuelle sur partie d'une construction.

La *chefaa* qui est un droit de préemption pouvant être exercé par un membre de la famille, par un copropriétaire indivis, par un propriétaire voisin à l'encontre de l'acquéreur d'un immeuble familial, indivis ou limitrophe.

Le *mégharsa* est un contrat de bail au comptant: lorsqu'un propriétaire d'un terrain inculte désire faire une plantation d'arbres de rapport mais ne peut pas la faire lui-même, il prête son terrain à un preneur ou megharsi qui fait les plantations en question et lorsque les arbres sont en plein rapport, les deux parties contractantes partagent le terrain.

Ce contrat donne, suivant l'avis le plus répandu, un

droit réel, dès sa conclusion, au profit du megharsi qui devient immédiatement copropriétaire indivis.

En dehors de ces droits réels spéciaux à la législation musulmane, il existe en Tunisie un certain nombre de droits réels et servitudes que nous trouvons dans le Code civil français. Nous voulons parler de l'usufruit des immeubles, du droit d'usage, d'habitation, de l'emphytéose, de la superficie, des servitudes foncières, de l'antichrèse, des privilèges..

En droit musulman, les servitudes sont conventionnelles et ne s'établissent que par des titres.

Si la durée des servitudes a été limitée, cette limite sera observée ; si rien n'a été précisé la jouissance de la servitude est considérée comme une tolérance. Toutefois, la rigueur de cette dernière règle est souvent atténuée par des usages locaux chaque fois que le retrait trop brusque de la concession aurait pour effet de causer au propriétaire du fonds servant un préjudice sérieux.

La servitude ne peut s'acquérir par prescription, c'est là une conséquence du caractère bénévole, de tolérance, des servitudes.

La servitude n'est pas considérée en droit mulsuman, et tout au contraire du droit français ou romain, comme une relation perpétuelle entre deux fonds, mais bien plutôt comme un simple rapport de bon voisinage. Le législateur mulsuman n'a pas compris que l'avantage conféré par la servitude au fonds dominant est bien plus grand que la gêne qu'elle cause au fonds servant.

L'hypothèque proprement dite n'existe pas en droit tunisien, elle est remplacée par la *rhania* ou gage immobilier.

Toutes propriétés immobilières, non immatriculées bien entendu, puisque nous ne traitons pas encore les règles de la loi de 1885, sont susceptibles de gage immobilier sauf toutefois celles qui sont grevées d'une constitution de habou.

Voici en quoi consiste la *rhania* : A l'origine de l'établissement de droits privatifs sur un immeuble, il a été dressé un titre de propriété qui doit porter mention de toutes les transmissions et des différentes modifications dont ces droits ont pu être l'objet. La pratique en est arrivée à considérer ce titre comme l'identification de l'immeuble, de telle sorte qu'en constituant ce titre en gage, l'immeuble est devenu lui aussi le gage du créancier ; ce procédé a sur l'antichrèse l'avantage de ne pas priver le débiteur de la possession de l'immeuble.

L'opération s'effectue par la remise du titre de propriété au créancier, remise qui a pour effet d'interrompre le cours de la prescription libératoire. Cette remise ne pourra être valablement faite que par un débiteur capable de disposer de l'immeuble car il y a là un procédé qui peut conduire à l'aliénation.

A l'encontre du débiteur, la détention régulière et non frauduleuse du titre de propriété est suffisante : au cas de fraude, c'est au prétendu débiteur à détruire la présomption du gage que la détention du titre établit en faveur du créancier. A l'égard des tiers, la remise du titre entre les mains du créancier est indispensable, il faut en outre qu'elle soit constatée par un acte authentique ou sous seing privé, enregistré. Dans ce dernier cas, l'acte devra avoir date certaine. Le contrat hypothécaire, en droit musulman, est un contrat solennel comme en droit français D'autre part, la rédaction d'un acte de constitution de gage immobilier serait insuffisante si elle n'est pas accompagnée de la remise du titre dont le débiteur doit être effectivement dessaisi.

On voit par là qu'aussi bien entre les parties qu'à l'égard des tiers, la remise du titre au créancier est une condition essentielle de la validité du gage.

Le créancier, devenu détenteur régulier du titre, possède, dès lors, un véritable droit réel sur l'immeuble et les actes de disposition ne lui sont opposables que s'ils ont été inscrits sur le titre : à défaut de cette mention, toute mutation ou charge quelconque dont on voudrait grever l'immeuble ne saurait être valable à son égard à moins qu'il ne soit pas de bonne foi.

Le créancier nanti du titre conserve le droit de retenir celui-ci jusqu'à entière libération du débiteur. Il ne peut en disposer et le remettre, par exemple, à son propre créancier pour sûreté de la dette qu'il a contractée envers lui. Cette remise du titre ne saurait équivaloir à une cession de la créance sur le propriétaire de l'immeuble donné en gage et des sûretés qui y sont attachées.

L'étendue du droit du créancier gagiste n'empêche pas l'immeuble donné en gage de rester dans le patrimoine du débiteur et, par suite, d'être, sous réserve du droit réel du créancier hypothécaire, le gage tacite des autres créanciers du propriétaire.

La *rhania* est une institution essentiellement tunisienne, qui ne se comprend qu'avec le système de propriété foncière existant dans la Régence : On a pu l'assimiler, dans une large mesure, à l'hypothèque, mais il est impossible de lui appliquer les régles du Code civil, pour combler les lacunes que peut présenter sa propre législation. C'est ainsi que l'acquéreur à l'amiable ne saurait réclamer le droit de purge, pas plus, d'ailleurs, que le créancier gagiste ne pourrait proposer contre lui la surenchère du dixième.

La pratique tunisienne, transformée en loi par l'usage, a permis au débiteur de constituer sur son immeuble des gages de second rang, assimilables à nos deuxièmes hypothèques. Le créancier qui a reçu le titre et qui, en général, possède la première hypothèque, est alors constitué gardien de ce titre pour tous les autres créanciers, dès qu'il a été averti régul èrement de l'existence de nouvelles hypothèques. Il n'est même pas nécessaire qu'il donne son assentiment. Il ne doit pas se dessaisir du titre sans le consentement des autres gagistes, sous peine d'engager sa responsabilité.

Il n'y a pas d'hypothèques occultes en droit musulman : l'hypothèque judiciaire n'existe pas en Tunisie ; l'hypothèque légale de l'Etat sur les biens de ses comptables est également inconnue dans la Régence (les créances de l'Etat sont privilégiées sur tous les biens de ses débiteurs) ; pas davantage d'hypothèque légale de la femme mariée (la femme, en droit musulman, conserve après son mariage l'administration de ses biens, et l'autorisation maritale ne lui est nécessaire, ni pour gérer son patrimoine, ni pour ester en justice) ; rien n'empêche, sans doute, un mari de constituer à sa femme un droit de gage immobilier pour sûreté de sa dot et de ses reprises, en lui conférant la détention régulière de ses titres de propriété, mais on se trouve alors en présence d'un cas d'hypothéque conventionnelle. Quant aux hypothèques légales des mineurs, on ne voit pas dans le silence de la loi locale, la possibilité d'en frapper les immeubles non immatriculés.

Tels étaient avant 1885 et tels sont encore aujourd'hui dans le législation musulmane en vigueur en Tunisie les droits réels dont l'immeuble peut être grevé.

SECTION IV. — *Du titre de propriété ; de l'inscription et de la transmission des droits réels sous l'empire du régime foncier musulman.*

Nous avons eu l'occasion de parler à propos de la *rhania* d'un titre de propriété mais nous n'avons pas dit ce qu'était ce titre.

Il est d'usage en Tunisie de constater le droit de pro-

priété par un titre nominatif qui est la véritable représentation de l'immeuble. Autrefois, la preuve du droit de
propriété était verbale et s'établissait par la possession
et la commune renommée. Les titres écrits les plus
anciens remontent à l'institution des notaires arabes, c'est-
à-dire au temps des premiers Beys. Ils durent être établis sur de simples déclarations verbales de possession
ou de mutation.

Le titre de propriété originaire n'est donc qu'un simple
acte de notoriété établi sur des présomptions sans aucune
preuve écrite.

Quand le titre de propriété originaire a été égaré, dé-
truit ou n'a jamais existé, on rédige un acte de notoriété
dressé avec l'autorisation du cadi. La preuve du droit de
propriété résulte alors d'un titre écrit.

Ce titre contient le nom du propriétaire, le nom, la
contenance et la limite des terres et, à chaque mutation,
on ne délivre pas un titre nouveau et rien n'est rayé sur
l'ancien : on se borne simplement, pour constater les
droits des propriétaires successifs, à transcrire les mutations au bas du titre au fur et à mesure qu'elles se produisent. Quand le papier manque, on ajoute des feuil-
les les unes au bout des autres, cela forme un rouleau
que l'on met dans un étui en fer blanc.

Plus un titre est ancien et meilleur il est, car il consacre alors la preuve d'une propriété et possession reculées.

En somme, en droit tunisien musulman, la propriété
immobilière s'établit par la détention régulière et légitime

d'un titre créé à l'origine pour constater l'existence, l'étendue, les modifications du droit de propriété et les mutations dont il a fait l'objet (1).

On inscrivit peu à peu sur le titre tous les droits réels qui affectent la propriété. Cette habitude est devenue une règle aujourd'hui, si bien qu'un droit réel qui ne serait pas inscrit sur le titre ne serait pas opposable aux tiers (2).

C'est là un principe important mais qui comporte quelques exceptions :

Ainsi le contrat de mégharsa, se présentant par lui-même avec un caractère suffisamment public pour que l'acquéreur n'en puisse raisonnablement ignorer l'existence pour peu qu'il se transporte sur le fonds, serait opposable aux tiers nonobstant toute transcription sur le titre (3).

De même les jurisconsultes musulmans soutiennent que la donation est opposable aux tiers indépendamment de toute transcription (4).

La vente conventionnelle ou forcée doit toujours être inscrite par les notaires arabes, les adouls, sur le titre pour être opposable aux tiers. Cependant, la jurisprudence admet que si la mutation non transcrite a été suivie d'une mise en possession et que cette possession s'exerce

1. Tribunal de Tunis, 10 août 1892.

2. Tribunal de Sousse, 28 février 1889. Tribunal de Tunis, 20 juin 1891 ; 21 novembre 1892 ; 10 août 1890 ; 21 novembre 1894.

3. Tribunal mixte, 28 mai 1895.

4. Trib. d'Alger, 16 mai 1893.

sans équivoque à titre de propriétaire de telle façon que le nouvel acquéreur n'a pu raisonnablement l'ignorer lors de son acquisition, la première vente lui est opposable (1).

Nous n'avons rien dit de la prescription acquisitive. Elle existe cependant en droit tunisien et s'accomplit par la possesssion publique, paisible et non précaire prolongée pendant un certain temps. Il n'est besoin ni de justes titres ni de bonne foi. Le temps varie suivant les rites musulmans. Plusieurs causes de suspension sont admises. Telles : l'absence, la minorité, la prépotence (ceux qui détiennent la puissance publique ne peuvent prescrire par suite de l'ascendant qu'ils peuvent exercer).

SECTION V. — *Les inconvénients du régime foncier musulman.*

En théorie, ce système foncier tunisien paraît excellent et il semble qu'il devrait donner à la propriété une somme suffisante de certitude et de publicité : en pratique, il en est tout autrement.

La Tunisie a été en effet, pendant de longues années, en proie au plus grand désordre administratif; les insurrections s'y produisaient presque régulièrement; les abus de pouvoir étaient fréquents; la confiscation était un des pro-

1. Trib. de Tunis, 28 mai 1895, Cpr. Tunis, 10 août 1892. *Revue algérienne*, 1892, 2. 373.

cédés ordinaires des favoris du Bey pour arriver à se constituer des fortunes colossales ; c'étaient et ce sont encore aujourd'hui autant de causes d'instabilité pour la propriété foncière.

D'autre part toute loi musulmane dérive du Coran. Pour le fidèle mahométan, le Coran est le livre le plus parfait qui ait été écrit parce qu'il révèle la parole de Dieu. Conséquemment il est une loi immuable. On constate bien vite en jetant un coup d'œil rapide sur ce livre ou simplement sur sa table des matières, qu'il est absolument insuffisant comme code de lois. Enoncés sans ordre et sans méthode, les principes juridiques qu'il renferme s'y trouvent perdus au milieu de sentences intéressant le gouvernement et l'administration du peuple et sa vie privée.

Les compagnons et successeurs de Mahomet avaient si bien reconnu l'insuffisance d'une telle loi, qu'ils avaient cherché à coordonner et interpréter les principales prescriptions du Prophète ; mais il arriva fatalement qu'ils ne se trouvèrent pas tous du même avis sur le sens à donner à certaines de ces prescriptions, et des divergences importantes se produisirent sur bien des points. De là, les quatre rites ou écoles, Malékite, Hanéfite, Chaféite, Hambalite : dont les enseignements forment le *Corps de droit* des nations musulmanes.

Loin de chercher à obtenir une interprétation unique du livre qui restait la principale source de leur législation et de leur religion, les commentateurs de chacun de

ces rites n'ont fait qu'accentuer et aggraver les divergen_
ces qui s'étaient produites dès l'origine. Hâtons-nous de
dire que la pratique n'a introduit dans la Régence que les
seuls rites Malékite et Hanéfite; mais le danger reste à
peu près le même, car une question pourra être diverse-
ment tranchée suivant qu'il sera fait application de l'un ou
l'autre rite. Dans tout procès, le défendeur a le choix du
rite; il faudra donc qu'un plaideur réussisse à s'assurer
le rôle de dèfendeur au procès pour qu'il puisse bénéfi-
cier du rite le plus favorable à sa cause. Ce premier inconvénient se trouve considérablement aggravé si l'on
songe que les commentateurs d'un même rite sont loin de
s'accorder entre eux et qu'ils en arrivent parfois à donner sur une même question des solutions contraires,

Qu'on joigne à ces inconvénients ceux que peut produire le trop grand nombre de droits réels qui viennent
affecter la propriété immobilière sans qu'un système efficace de constatation et de publicité avertît l'acquéreur
des dangers que présente son acquisition.

Il est à peine utile de faire remarquer qu'une législation
aussi incertaine dans ses principes est complètement im-
puissante à assurer au droit de propriété la solidité qui
lui est nécessaire pour qu'il inspire le respect et la confiance et ne peut en aucune manière satisfaire aux exigences du crédit.

Les dangers et les lacunes de la loi musulmane vont
nous apparaître bien plus grands encore si nous exposons

même succinctement, quelques-unes de ses règles immobilières.

Ainsi : en ce qui concerne les titres de propriété, ceux-ci une fois perdus ou détruits, le propriétaire ne possède plus de preuve écrite de son droit. Les actes notariés, depuis quelques années, sont faits, il est vrai, en double original dont l'un figure sur le registre des notaires analogue à la minute des notaires français et dont l'autre, remis à la partie, peut se comparer à une expédition ; mais pour obtenir une copie collationnée sur le registre il faut une autorisation du cadi et des formalités sans nombre ; on ignore souvent l'époque et l'endroit où le titre a été dressé, par quel notaire il l'a été et d'ailleurs les titres anciens n'ont jamais figuré sur les registres.

Le propriétaire peut faire dresser, il est vrai, une *outika*, acte de notoriété, destiné à suppléer le titre primitif ; mais cette combinaison est justement une source de fraudes.

Plusieurs outikas relatives à un même immeuble peuvent être dressées à des dates différentes, le propriétaire, de mauvaise foi, s'adressant à des notaires complaisants, si bien que souvent une même propriété est représentée par des titres multiples. Il arrive alors que le même immeuble peut être vendu plusieurs fois, une première fois sur une outika, une seconde sur le titre véritable et dans ce cas le premier acheteur se verra dépossédé, ou encore le propriétaire remettra au créancier hypothécaire une outika et une fois le prêt effectué, l'argent versé, il vendra sur le titre véritable. Le jour où le créancier hypothécaire voudra faire vendre son gage, il se trouvera en présence d'un acheteur de bonne foi, muni d'un titre inattaquable. Il n'aura qu'un recours illusoire contre son vendeur.

Or, cet usage des outikas est très répandu en Tunisie; la situation est donc dangereuse pour le crédit public. Elle s'aggravait en outre, pour les Européens, de la nécessité de subir la juridiction du Charâ, tribunal religieux, qui est naturellement favorable aux musulmans et qui, tout en acceptant la preuve testimoniale en toute matière et même contre les écrits, refuse cependant le témoignage des non-musulmans. Ainsi, c'était parmi les difficultés d'une procédure inconnue et d'un idiôme étranger que les Européens devaient poursuivre ou se défendre contre les revendications plus ou moins fondées des indigènes. Et encore les Européens n'avaient-ils pas accès direct au Prétoire et ne pouvaient paraître en personne.

Depuis l'institution du Tribunal mixte de 1885, ces inconvénients ont disparu.

Mais il y en avait d'autres dans le régime foncier tunisien et qui existent pour les propriétés non soumises à la loi de 1885.

Pour en revenir à la discussion du titre de propriété, la manière entre autres dont le titre de propriété est rédigé donne en effet toute facilité à la fraude. Nous avons vu quel aspect présente ce titre. Tous les actes de mutation se suivent et quand la première feuille est remplie, on en colle une deuxième au bas et ainsi de suite. Or, quoi de plus facile, le cachet du magistrat étant en haut, que de décoller le titre par le bas et de supprimer ainsi les dernières mutations ou d'y ajouter une rallonge? Dès lors quelle sécurité pour ceux qui achètent une propriété ou reçoivent un titre en nantissement?.

Il est en outre à peu près impossible de connaître, d'après le titre, l'étendue, la consistance et les limites d'un immeuble. La contenance exacte n'y figure presque jamais ; quant aux limites, la manière dont elles sont indiquées les rend on ne peut plus incertaines : le plus souvent, elles sont désignées par une levée de terrain, un fossé, la propriété d'un tel. Or, quand le titre est ancien, ces indications, suffisantes au début, ont le plus souvent disparu sans laisser de traces, l'arbre a été abattu, le terrain aplani, le fossé comblé, le nom des propriétaires a été modifié.

Il faut alors s'en remettre à la tradition orale, mais existe-t-elle seulement ? Puis, quelle foi ajouter aux témoignages des voisins intéressés ?

Aucune sécurité n'existe donc dans les transactions, aucune trace de mutation n'est véritablement et absolument ostensible pour les tiers puisqu'il n'y a d'autre preuve de propriété que le titre. Il n'y a pas, comme en France, un bureau spécial — la conservation des hypothèques — où tout ce qui concerne la propriété est rassemblé et transcrit.

Le système de titre, en apparence très simple, renferme au fond une série de complications.

Un indigène, au courant de la coutume et de la langue, peut encore réussir à se garer de ces embûches ; mais un Européen en est presque fatalement victime. Enfin de nombreuses exceptions consacrées par la jurisprudence concernant la règle de l'inscription des droits réels sur le titre de propriété laisse la place ouverte à l'arbitraire du juge et ne donne aucune garantie aux tiers.

On peut dire en somme que le principe de publicité n'est pas appliqué dans le droit musulman.

Ajoutons à ces diverses causes d'incertitude et d'éviction : la pratique fréquemment répandue chez les indigènes de faire leurs biens habous dans un but soi-disant pieux ou humanitaire, mais le plus souvent avec le seul dessein d'exhéréder certains de leurs enfants ou de diminuer le gage de leurs créanciers ; leur habitude de vivre dans l'état d'indivision ; le manque d'état civil chez eux ; le mystère qui entoure la famille musulmane ; la complication et l'originalité du statut personnel ; le nombre incalculable d'officines où sont fabriqués les faux titres ; et tant d'autres causes qu'il serait superflu de rechercher, qui laissent la propriété, incertaine, occulte et précaire et qui exposent les acquéreurs étrangers à des évictions totales ou partielles.

Ainsi et pour nous résumer nous trouvons dans le régime foncier tunisien antérieur à la loi de 1885 deux grandes catégories de défectuosités :

L'assiette incertaine de la propriété, l'absence de publicité hypothécaire.

Cette organisation primitive et rudimentaire pouvait suffire aux besoins d'une civilisation stationnaire ; elle n'était aucunement appropriée aux exigences de la nôtre et aux besoins du moment.

CHAPITRE II

Les origines de la loi du 1ᵉʳ juillet 1885.

SECTION I. — *Comment va-t-on chercher à remédier aux inconvénients signalés ?*

Pour attirer en abondance les capitaux nécessaires à l'exploitation des ressources naturelles de la Tunisie, pays essentiellement agricole, du moins jusqu'à présent, et dont le sol doit devenir le principal instrument de la richesse publique, il fallait précisément rassurer les intérêts des Européens, protéger les acquéreurs de terres contre leur ignorance de la langue, des lois et des usages du pays, mettre le propriétaire à l'abri de ces revendications imprévues, assurer en un mot la facilité des transactions et leur sécurité et faire de la terre un instrument de crédit pouvant circuler de main en main.

Il fallait encore respecter les lois et les institutions du pays et ménager les influences religieuses qui sont maîtresses dans ce pays de l'opinion indigène.

Pour améliorer cette situation, à quel parti allait-on se ranger ?

Soumettrait-on à la loi française les immeubles possédés par des Européens ?

L'application de notre loi immobilière, limitée à une seule classe de propriétaires fonciers, n'apportait pas une modification assez générale à l'état économique du pays ; c'était d'ailleurs un remède insuffisant.

Le système de publicité hypothécaire incomplet et restreint, organisé par le Code civil et la loi du 23 mars 1855 ne tend qu'à conserver les droits entre les mains de ceux auxquels ils sont transmis.

Ce n'est pas cela seulement qu'on voulait en Tunisie. Ce qu'on cherchait, c'était arriver à assurer immédiatement la sécurité et la facilité des transactions en fixant l'assiette de la propriété et des droits réels immobiliers. Or, il est clair que les seules ressources du droit français ne permettent pas d'atteindre ce résultat. L'acte par lequel un tiers me cède son droit, qu'il soit un contrat ou un jugement, ne me met pas à l'abri de toutes chances d'éviction, alors même que, selon l'expression du législateur de 1855, je me serais conformé aux lois pour la conservation de mes droits.

Par exemple : J'achète un immeuble d'une personne dont les droits sont incertains, je me trouve par là même mis au lieu et place de mon vendeur ; mais la situation juridique de l'immeuble n'a pas changé, elle reste entre mes mains ce qu'elle était aux mains de mon ven-

deur. Il importera peu que je prouve mon acquisition et
que je la fasse transcrire sur le registre public ; mon vendeur n'a pu me transmettre que les droits qu'il avait lui-
même sur l'immeuble vendu ; c'est une conséquence toute
simple de la maxime traditionnelle : « *Nemo plus juris ad
alium transferre potest quam ipse habet* ».

Hâtons-nous de dire que, en France, c'est un inconvénient à peu près théorique : l'assiette de la propriété est
connue, la constatation est faite par des officiers ministériels habitués à rechercher et à décrire l'origine des
droits ; les titres sont rédigés avec soin ; leurs énonciations sont complètes, précises et sûres ; la constatation des
origines d'une propriété n'est donc pas une œuvre pénible
et d'un résultat incertain. Enfin, la prescription trente-
naire ou même de 10 à 20 ans permet de prendre un
point de départ incontestable.

Dans ces conditions, une sécurité suffisante est assurée
par l'inscription des hypothèques et la transcription des
actes entre vifs constitutifs de droits réels. Il n'en saurait
être de même dans un pays où il s'agit d'attirer les capitaux en rendant les transactions rapides et sûres.

Il faut que l'acquéreur ou le capitaliste étranger puisse
être facilement fixé sur la condition juridique des immeubles ; d'où la nécessité d'entourer d'une publicité complète
toutes les transactions immobilières. Car, en Tunisie, la coutume locale ne présente pas les mêmes garanties qu'en
France.

L'étranger ignorant des habitudes et des traditions du

pays, incapable de faire par lui-même les investigations
nécessaires avant une acquisition d'immeubles, est exposé
aux plus graves déconvenues. Il fallait donc prévoir et
écarter les mécomptes auxquels ont été soumis, dès les
premiers temps de notre occupation en Algérie, les acquéreurs de terres, mécomptes qui ont ralenti et paralysé
momentanément l'essor de la colonisation. La législation
du Code civil ne donne qu'une satisfaction imparfaite aux
besoins d'une colonie où doivent affluer des capitaux et
des acquéreurs venus du dehors.

A un autre point de vue, notre système de publicité ne
répond pas aux exigences spéciales d'un pays musulman.
Le mécanisme hypothécaire établi par la loi française
repose tout entier sur le nom et la personne du propriétaire. C'est au nom du propriétaire que sont faites toutes
les inscriptions ou transcriptions dont chaque immeuble
est l'objet, et c'est ce nom qui sert de guide aux recherches qui sont faites dans les registres hypothécaires. Celui qui veut connaître la situation d'un immeuble doit
préalablement rechercher le nom du propriétaire actuel
et de tous ceux auxquels l'immeuble a appartenu.

Les fonctionnaires chargés de ces recherches sont aidés
par des tables qui contiennent les noms de tous les propriétaires inscrits sur leurs registres.

Une pareille organisation suppose que l'état civil de
chaque détenteur d'immeubles est exactement connu et
défini; en pays musulman elle se heurte à des obstacles
presque insurmontables,

Les indigènes n'ont ni état civil, ni nom patronymique, dans la pratique, ils se reconnaissent par un prénom auquel vient s'ajouter le prénom du père : Mustapha, fils de Mohammed, par exemple ; comme le nombre de ces prénoms est assez limité, il en résulte que beaucoup d'indigènes portent des appellations identiques. Si l'on songe qu'en France la similitude de certains noms plus fréquemment usités est déjà une source de difficultés et de complications pour la tenue de nos registres hypothécaires, on se rendra aisément compte des impossibilités d'un pareil système en pays musulman. Pour l'appliquer, il eût fallu constituer l'état civil des indigènes avant d'asseoir leur propriété ; entreprise laborieuse et d'une exécution compliquée. On sait en effet que de tous temps les peuples d'Orient se sont montrés rebelles aux opérations de ce genre et que nous ne sommes point encore parvenus à constituer l'état civil des indigènes dans notre colonie algérienne.

Ces difficultés pratiques n'étaient d'ailleurs pas le seul obstacle à l'application pure et simple de notre état civil : On ne fait pas, en effet, sans danger, table rase de la législation existante, on ne change pas ainsi d'un trait de plume les usages de tout un peuple, surtout d'un peuple musulman, où la législation fait partie du domaine religieux. C'eût été en outre une cause de dépenses exorbitantes.

Autre raison :

Le service topographique n'était à cette époque ni assez bien organisé, ni assez considérable pour mener à bien une opération aussi importante.

Enfin, l'extension de la juridiction française à toute la propriété foncière dans un pays aussi récemment soumis à notre protectorat pouvait éveiller les susceptibilités des nations étrangères et créer des difficultés diplomatiques. On sait que l'Italie notamment apportait toutes sortes de difficultés à notre administration. Elle ne néglige encore aucun moyen d'entretenir son influence dans la Régence.

Pour donner à la propriété la certitude et l'assiette qui lui manquaient, aurait-on recours à un abornement général et à une revision administrative des titres de propriété ?

Sans parler des lenteurs et de l'incertitude qu'elle eût entraînées avec elle, une pareille entreprise aurait eu le grave inconvénient de semer l'inquiétude et le trouble, d'éveiller les susceptibilités et les défiances des populations qui n'auraient pas compris, tout d'abord, la nature et le but d'une aussi vaste opération ; ajoutons qu'elle aurait entraîné pour le gouvernement tunisien des charges budgétaires et surtout des responsabilités politiques qu'il était de son devoir de décliner.

L'idée d'une délimitation et d'une constatation administratives des propriétés étant ainsi écartée, restait à trouver une combinaison juridique qui permit de confier à l'initiative individuelle une œuvre que l'Etat devait encourager et protéger, mais dont il n'avait pas à assumer la responsabilité et les charges, puisque, malgré son utilité générale cette œuvre présentait surtout un caractère d'intérêt privé. Ce point de vue accepté, il fallait mettre à la disposition de tout acquéreur ou propriétaire d'immeuble, une procédure simple, peu coûteuse, lui permettant d'asseoir sa propriété, de la purger de toutes les charges et des droits réels qui ne se seraient pas révélés en temps utile.

Par ce moyen, l'origine et la condition de la propriété se trouvaient fixées à l'égard de tous, les transactions ultérieures devenaient faciles et sûres. Déjà, le germe d'une institution pareille se trouvait dans la législation algérienne : la loi du 26 juillet 1873, essayant de résoudre des problèmes analogues à ceux qui se rencontraient en Tunisie, a créé une purge spéciale, destinée à consolider la propriété et à la dégager des charges occultes, lorqu'elle passe, des mains d'un détenteur indigène entre celles d'un acquéreur européen. Mais cette institution ainsi restreinte et limitée, ne répondait qu'imparfaitement aux besoins particuliers de la Tunisie et au but poursuivi (1).

1. Voici en quoi consistait cette loi du 26 juillet 1873 :

Tous les immeubles seront désormais placés sous le régime de la loi française quel que soit le statut personnel de ceux qui les possèdent.

L'administration reconnaîtra et constatera les droits individuels existants dans les territoires de propriété privée ; dans les autres, elle se contentera de les constituer.

Dans l'un comme dans l'autre cas, elle délivrera aux intéressés des titres formant le point de départ de leur droit. Enfin, par mesure transitoire, la transmission des immeubles de propriété privée aux mains

Aussi a-t-il paru préférable de demander à une autre législation, appliquée avec succès dans de grandes colonies agricoles, la formule destinée à résoudre plusieurs des difficultés que soulève en Tunisie l'organisation de la propriété.

Le gouvernement du Protectorat a fait appel aux principes du système Torrens en utilisant autant que possible ce que la loi indigène avait de bon. Il existait déjà dans la Régence des usages tout à fait conformes aux dispositions de l'Act Torrens. En conséquence, le système australien a trouvé sur cette vieille terre d'Afrique un terrain tout préparé.

Il fallait en effet désorienter le moins possible les indigènes. Or, l'existence d'un titre de propriété, contenant

des Européens sera facilitée par l'institution d'une purge spéciale. Grâce à cette purge et sans attendre l'exécution des opérations d'ensemble qui doivent s'appliquer à tout le terrioire du douar et de la tribu, l'acquéreur sera mis à l'abri de toute éviction et recevra pour son immeuble un titre de propriété libre de toute servitude, chefaa ou droit réel quelconque.

Cette loi n'a pas produit tous les résultats qu'on en espérait, quoiqu'elle offre quelques points de ressemblance avec l'Act Torrens. Il y avait encore beaucoup à faire. L'Algérie est du reste très mal préparée pour adopter intégralement l'Act Torrens. Elle le sera encore longtemps malgré les efforts du législateur impuissant devant les usages invétérés des populations musulmanes. Les mœurs sont plus fortes que la loi .

En Tunisie, nous ne retrouverons pas ces difficultés, il n'y a pas de terre arch par exemple et c'est déjà un grand point.

l'historique et l'identification de la propriété, constituait **un** moyen commode de vérification. L'Act Torrens avait l'avantage en cela de se rapprocher de la législation tunisienne puisque dans ce système la base de la propriété est le titre sur lequel tout ce qui l'intéresse : désignation, contenances, limites, servitudes, hypothèques, droits réels de toutes sortes, se trouvent mentionnés et sont apparents pour l'œil le moins exercé.

On laissa donc vivre l'ancienne législation côte à côte avec la nouvelle. Celle-ci fut rendue facultative. Pour qu'un immeuble soit régi par la nouvelle loi, l'intervention de certaines personnes intéressées (généralement le propriétaire) est nécessaire. Il doit faire une démarche particulière, formuler une demande d'immatriculation exprimant nettement sa volonté à cet égard. Mesure sage par excellence qui permet de faire apprécier les bienfaits de la loi, la fait désirer et pénétrer peu à peu dans le pays sans bouleversement ni violence et fournit en même temps aux Européens et capitalistes les sécurités qui leur sont nécessaires.

SECTION II. — *Les travaux de la Commission instituée par décret beylical du 31 juillet 1884.*

Une Commission dont Paul Cambon, alors Résident général, fut nommé président, fut instituée par décret beylical du 9 chouan 1301 (31 juillet 1884) pour, ainsi que le dit l'article 5, « préparer la codification des lois relatives à la propriété foncière en Tunisie et proposer les conditions dans lesquelles la compétence en matière immobilière serait remise aux tribunaux français » ; elle s'occupa du régime en vigueur en Australie.

Avec la base solide qu'il donne aux droits réels, sa publicité absolue, son régime hypothécaire simple, précis, ouvert à tous, convenaient à la fois aux exigences d'un pays neuf peu au fait de la complication du régime français et à celles du crédit moderne qui réclame la facilité, la rapidité et la sécurité des transactions.

Mais on ne pouvait songer à reproduire sans modifications la loi australienne.

Le gouvernement beylical, dans son avant-projet destiné à servir de base aux travaux de la Commission chargée d'élaborer la loi, avait d'abord pensé introduire simplement l'Act Torrens en Tunisie et y promulguer les dispositions de notre Code civil qui pouvaient se concilier avec la loi nouvelle.

C'eût été déjà une tâche délicate que de combiner entre elles deux législations aussi dissemblables que notre Code civil et la loi australienne. La commission a voulu élargir encore le cadre de ses travaux : elle ne s'est pas contentée d'apporter au Code civil les changements strictement exigés par l'adoption d'un nouveau régime hypothécaire ; elle s'est attachée à reviser toute notre législation sur la propriété pour la fondre avec l'Act Torrens dans une loi unique.

La Commission alla encore plus loin, elle voulut perfectionner son système par quelques emprunts faits à d'autres législations.

A la loi prussienne de 1872, elle prit le système des prénotations appelées ici *oppositions conservatoires*, parce qu'elles ont pour but de sauvegarder les droits des tiers-revendiquants sans préjudicier à ceux du propriétaire.

A la loi belge de 1851, elle emprunta les règles concernant la protection des incapables, la réglementation de l'emphytéose et de la superficie.

Le résultat de ses travaux fut la loi beylicale du 1er juillet 1885.

C'est une œuvre vraiment considérable qui, à son origine, ne comptait pas moins de 381 articles; elle n'est à proprement parler, ni la loi australienne dans toutes ses prescriptions, ni la loi française dans son intégralité, mais bien une législation spéciale, nouvelle et essentiellement tunisienne.

Il faudrait admirer sans réserve l'immense labeur qui a permis, en quelques semaines, d'étudier plusieurs législations modernes, de se pénétrer des travaux considérables accomplis depuis cinquante ans sur la réforme hypothécaire, si cette loi foncière ne portait souvent la trace d'une élaboration précipitée. Parmi ses dispositions, quelques-unes sont obscures, d'autres sont contradictoires (1);

1. Ainsi pour ne citer qu'un fait à titre d'exemple. Il semblait que la loi tunisienne qui ne reconnaît d'autre propriétaire que celui inscrit sur le registre foncier aurait dû, comme le système Torrens

et de ce rapide assemblage d'éléments disparates il n'est pas sorti une législation vraiment homogène.

Heureusement quelques lois nouvelles sont venues corriger des erreurs qu'une trop grande précipitation avait fait naître.

Tels sont les décrets et les lois du 16 Mai 1886, du 6 Novembre 1888, des 15 et 16 Mars 1892, du 9 Mai 1896, des 25 et 28 Février et 19 Mars 1897, du 10 Avril 1898, enfin du 16 Juillet 1899, dont nous aurons l'occasion de parler dans la suite.

Quoiqu'il en soit et malgré ces imperfections que nous venons de signaler et qui se rapportent plus à la forme qu'au fond, la loi de 1885 est le point de départ et la cause de la prospérité de la Tunisie, car nous allons retrouver en l'étudiant les principaux avantages que nous avons signalés dans l'Act Torrens : c'est-à dire l'assiette de la propriété, la sécurité du crédit foncier, la facilité des transactions immobilières et la mobilisation du sol.

Or, nous sommes déjà suffisamment fixés sur les conséquences heureuses que peuvent avoir pour une colonie neuve et agricole de tels avantages rencontrés dans son régime foncier, pour nous rendre compte dès maintenant des bienfaits de cette loi.

---

et toutes les législations fondées sur le principe de légalité, supprimer la prescription acquisitive du droit de propriété. Il n'en a été ainsi que plus tard et par là, l'un des avantages sérieux du système Torrens a fait longtemps défaut.

TROISIEME PARTIE

LE RÉGIME FONCIER TUNISIEN D'APRÈS LA LOI DE 1885
ET LES DIFFÉRENTES LOIS POSTÉRIEURES QUI ONT
PU Y APPORTER DES MODIFICATIONS.

CHAPITRE I

L'immeuble en Tunisie. — Sa naissance. — Son caractère juridique.

SECTION I. — *Distinction entre les immeubles immatriculés et ceux qui ne le sont pas.*

Nous avons actuellement deux catégories d'immeubles bien distinctes : Les immeubles immatriculés, ce sont ceux qui ont été rangés par leur propriétaire sous l'empire de la nouvelle loi et du nouveau régime foncier établi en 1885. Ceux-là feront toujours partie de cette catégorie, car la loi a bien laissé aux propriétaires un droit d'option, mais une fois qu'ils ont fait immatriculer leur immeuble, ils ne peuvent plus revenir à l'ancien système et faire rentrer de nouveau leur immeuble dans la seconde catégorie, celle composée des propriétés non immatriculées. Celles-ci sont encore régies par l'ancien droit musulman, par le régime foncier tel qu'il existait dans toute l'étendue de la Régence avant 1885, et dont nous avons donné les principales règles dans un chapitre précédent. Les propriétaires des immeubles non immatriculés peuvent, s'ils le jugent à propos, faire immatriculer leurs immeubles et les faire ainsi passer dans la première catégorie.

En fait, presque tous les immeubles appartenant ou ayant passé entre les mains d'Européens qui en ont disposé à titre de propriétaires, et aussi beaucoup d'immeubles appartenant à des indigènes font partie aujourd'hui de la première catégorie.

Nous ne nous occuperons pas ici des immeubles non immatriculés, mais bien uniquement de ceux régis par la loi du 1er juillet 1885 et les lois postérieures qui sont venues y apporter des modifications.

Section II. — *Immatriculation et purge. — Procédure.*

Nous allons d'abord assister à la naissance de l'immeuble. Quelle sera la procédure à suivre pour le faire immatriculer ? Quels seront les effets de la purge résultant de l'immatriculation ?

Quel sera enfin le rôle de l'Etat et des différents organes administratifs qui vont entrer en scène ?

I. — *Personnes qui peuvent demander l'immatricu-*

lation. — La procédure de purge est accessible à tout propriétaire qui veut placer son immeuble sous l'empire de la loi et de la juridiction française sans distinction de nationalité (1).

Ainsi l'immatriculation est facultative, chacun est libre de s'y soumettre ou de s'en tenir à la loi ancienne ; l'indigène ne peut donc pas objecter qu'on lui a imposé une législation contraire à ses usages et à ses traditions et l'Européen, que cette loi ne répond ni à ses besoins, ni aux nécessités du moment ; ceux qui se placent sous sa protection reconnaissent par ce fait ses réels avantages. « On n'entend nullement, dit M. Paul Cambon, imposer le régime nouveau aux propriétaires qui ne voudraient pas l'accepter. On laisse à l'initiative privée le soin de se prononcer entre la nouvelle et l'ancienne législation. Ce système a l'avantage de ne point brusquer les coutumes et les traditions des indigènes ; il laisse au temps et à l'expérience le soin de leur démontrer l'avantage des lois nouvelles ; mais il fournit dès à présent aux Européens et aux capitalistes les sécurités qui leur sont nécessaires ».

Mais si l'immatriculation est facultative, il est intéressant cependant de constater une tendance législative à provoquer l'immatriculation et à l'imposer dans un certain nombre de cas. D'après le texte primitif, le droit de

1. C'est là un point de divergence avec l'Algérie qui ne reconnaît ce droit qu'aux seuls Européens.

requérir l'immatriculation n'était accordé qu'au propriétaire, d'où l'on avait pu conclure, qu'en cas d'indivision, les copropriétaires devaient fournir un consentement unanime pour que l'immatriculation fût possible ; le décret du 15 mars 1892 renverse la solution ; il suffira désormais que le co-propriétaire, l'enzéliste ou le co-enzéliste requière l'immatriculation pour que la totalité de l'immeuble y soit soumise, alors même que les autres ayants droits n'y consentiraient pas. Toutefois on a reconnu à ces derniers et à leurs créanciers hypothécaires la faculté de demander, par voie d'opposition, qu'il soit sursis à l'immatriculation jusqu'à ce qu'ils aient fait procéder au partage ou à la licitation des immeubles indivis (1).

Nous verrons en outre d'autres hypothèses d'immatriculation non facultative créées par le Décret beylical du 16 mars 1892 lorsque nous étudierons les ventes immobilières poursuivies devant les tribunaux français à la suite de la saisie immobilière ou de la licitation.

Peuvent encore requérir l'immatriculation : 1. les titulaires des droits réels suivants : usufruit, usage et habitation, emphytéose, superficie, antichrèse ; 2º le créancier hypothécaire, non payé à l'échéance, huit jours après une sommation restée infructueuse ; 3º avec le consentement du propriétaire ou co-propriétaire, de l'enzéliste ou co-

---

1. La loi australienne est sur ce point plus rigoureuse. Elle oblige le requérant qui n'a qu'un droit indivis sur un immeuble à produire le consentement des autres co-propriétaires afin que l'immeuble soit admis en totalité au bénéfice du nouveau régime.

enzéliste, les détenteurs des droits réels énumérés ci-après : servitudes foncières, hypothèques... (nouvel art. 22. Loi foncière tunisienne).

Le législateur a entendu donner à tout détenteur d'un droit réel immobilier, indigène ou Européen, le moyen d'assurer la consolidation de ce droit sans cependant chercher à porter atteinte au caractère facultatif de la loi. Ainsi on pourrait se demander pourquoi le créancier hypothécaire est tenu d'obtenir le consentement de son débiteur, propriétaire ou enzéliste de l'immeuble ; il semble en effet qu'un créancier hypothécaire soit aussi intéressant que les autres détenteurs de droits réels immobiliers auxquels la loi n'impose aucune obligation de cette nature ; mais il ne faut pas perdre de vue que le prêt hypothécaire est temporaire, qu'il a lieu ordinairement en Tunisie pour une durée très courte et que dès lors une disposition qui eût autorisé, sans réserve aucune, le créancier hypothécaire à faire immatriculer l'immeuble grevé de son droit, eût été en contradiction formelle avec le caractère facultatif de la loi, et eût fait produire à ce droit temporaire un effet perpétuel.

Cette tendance à rendre obligatoire dans certains cas l'immatriculation est amplement justifiée par les avantages incontestables qui découlent de l'immatriculation et sur lesquels nous aurons l'occasion d'insister plus loin.

II. — *Forme de la requête d'immatriculation.* — La requête d'immatriculation est écrite en arabe et en français (la traduction est certifiée par un interprète assermenté) sur une formule spéciale délivrée gratuitement par le Conservateur de la Propriété foncière ou par les greffiers des justices de paix. Elle est signée du requérant.

Dans le cas où le requérant ne peut ou ne sait signer, le Conservateur de la propriété foncière est autorisé à signer en son nom.

La réquisition d'immatriculation doit contenir : 1° Les nom, prénoms, surnoms, qualités, domicile et état civil du requérant ; 2' Election de domicile dans une localité du territoire tunisien ; 3° Description de l'immeuble portant déclaration de sa valeur vénale et de sa valeur locative, indication de la situation, du nom sous lequel il est généralement désigné, de ses tenants et aboutissants, des constructions et plantations qui peuvent s'y trouver ; 4' Le détail des droits réels immobiliers existant sur l'immeuble avec la désignation des ayants-droit.

Le requérant dépose en même temps que la requête tous les titres de propriété, contrats, actes publics ou privés et documents quelconques avec leur traduction, en français et en arabe, de nature à faire connaître les droits réels existant sur l'immeuble.

Si ces titres ou documents sont détenus par un tiers, le requérant n'aura qu'à lui faire sommation d'avoir à les déposer dans les huit jours entre les mains du Conservateur qui en délivrera un récépissé gratuit.

Toutes les pièces sont traduites par des interprètes assermentés, un relevé sommaire suffit généralement, excepté pour le dernier acte de chaque titre de propriété qui doit être traduit *in extenso*. (Loi de 1892) (1). Cependant il faudra bien examiner si l'acte traduit *in extenso* reproduit tous les renseignements utiles sur la description et la condition de l'immeuble. Car au cours de l'instance, le Tribunal mixte qui est l'autorité judiciaire chargée de prononcer l'immatriculation suspendra la procédure, soit d'office, soit sur la demande d'une partie, pour faire compléter toute traduction qui serait insuffisante. Il est formellement interdit à l'interprète de communiquer à qui que ce soit les documents ou la traduction.

III. — *A qui est adressée la requête?* — Le dossier est remis aux mains du Conservateur de la Propriété foncière ainsi qu'une certaine somme égale au montant présumé des frais d'immatriculation.

Le chiffre en est déterminé à l'avance d'après le barême suivant :

1º Pour une contenance de 0 à 100 hectares, 1 franc par hectare.

Pour une contenance de 100 à 500 hectares, 100 francs pour les cent premiers hectares et 0 fr. 75 par hectare Pour le surplus.

Pour une contenance de 500 à 1.000 hectares, 400 francs

---

1. Avant la Loi de 1892 et sous l'empire de la loi de 1885, tous les titres arabes étaient traduits *in extenso* et ils sont généralement fort longs puisqu'ils contiennent tout l'historique du droit de propriété. La mesure adoptée par la loi de 1892 assure au requérant un dégrèvement moyen de 50 0/0 sur le coût des traductions,

pour les 500 premiers hectares et 0 fr. 50 par hectare pour le surplus.

Pour une contenance supérieure à 1.000 hectares 650 francs pour les premiers 1.000 hectares et 0 fr. 25 par hectare pour le surplus.

2° Trois pour mille de la valeur vénale, le minimum de perception ne pouvant être inférieur à 30 francs.

Tout calcul fait d'après ce barême établira que les frais d'immatriculation sont aussi réduits que possible.

La somme ainsi versée reste consignée entre les mains du Conservateur jusqu'à l'établissement du plan et d'un certificat de contenance qui permettront de savoir quelle est la somme acquise au Trésor et de faire verser une consignation complémentaire ou de restituer l'excédent.

IV. — *Publicité.* — L'immatriculation ayant pour effet de purger l'immeuble à l'instar de ce qui se passe en Australie de tous les droits réels et charges occultes qui n'ont pas été révélés en temps utile, la plus grande publicité accompagne la requête (1).

---

1. La procédure de purge a été organisée par la loi tunisienne avec un soin tout particulier. Des dispositions beaucoup plus détaillées que celles édictées par l'*Act Torrens* ont été prises ; tandis que, en Australie, les droits de propriété découlent pour la plupart de concessions plus ou moins récentes de la Couronne, consignées dans des registres publics, leur origine, en Tunisie, est généralement plus ancienne, plus obscure et plus difficile à établir ; de là, les précautions minutieuses dont la loi entoure leur consolidation définitive. Sans ces précautions, la purge à laquelle s'attachent des effets aussi énergiques aurait pu devenir un instrument de spoliation.

Des affiches traduites dans les deux langues sont insérées dans les dix jours de la réception de la réquisition dans le *Journal officiel français et arabe* par les soins du Conservateur qui en adresse des exemplaires au juge de paix et au caïd de la circonscription administrative où est situé l'immeuble ; ces autorités lui en accusent immédiatement réception et les affichent dans leur auditoire. De semblables publications sont encore faites par le caïd dans les marchés indigènes de son territoire.

V. — *Bornage.* — Le Conservateur prévient dans les mêmes conditions que le juge de paix et le caïd, le chef du service topographique qui délègue un géomètre assermenté à fin de procéder au bornage de l'immeuble, opération qui doit être faite et terminée dans les 45 jours de la requête.

La date fixée pour le bornage est portée à la connaissance du public 20 jours au moins auparavant, afin que tout intéressé puisse y assister.

Le procès-verbal de bornage devra constater les diligences faites à cet effet ; le cheikh de l'endroit est personnellement avisé de cette date par l'intermédiaire du contrôleur civil, pour qu'il puisse assister à l'opération.

Le requérant a également reçu un avis, et il apporte sur le terrain les bornes qui doivent servir au bornage ; ce sont des bornes prismatiques en pierre ou en ciment, portant gravées sur l'une de leurs faces les lettres I. F. Immatriculation foncière...

Le bornage est fait provisoirement en présence du requérant ou lui dûment appelé et le plan dressé sans que le géomètre s'arrête aux observations qui lui sont présentées ; il mentionne seulement sur son procès-verbal les limites indiquées par le requérant en même temps que celles revendiquées par les tiers (1).

Cet agent ne peut, en aucun cas, se faire le juge des prétentions de l'immatriculant ; il borne l'immeuble suivant les indications fournies par celui-ci ; cependant si la description de l'immeuble faite par l'immatriculant n'est pas conforme aux renseignements portés sur la réquisition, il en dressera procès-verbal et saisira aussitôt son chef hiérarchique de cette discordance, pour que le procès-verbal en soit transmis au Tribunal mixte qui ordonnera la reprise de la publicité aux frais du réquérant.

L'opération du bornage étant terminée, le procès-verbal en est aussitôt transmis au Conservateur et la date de clôture est publiée à l'officiel français et arabe. Dans les trois mois qui suivent, un plan doit être remis au Conservateur par les soins du Service topographique.

Ce plan qui sera annexé plus tard au titre de propriété

1. Sous l'empire de la loi de 1885, le bornage provisoire était exécuté par le juge de paix avec l'assistance d'un géomètre et d'un interprète. L'assistance du caïd (gouverneur du territoire) était facultative mais aux frais du propriétaire. Aujourd'hui et depuis le décret du 16 Mars 1892, cette opération est faite par le géomètre avec l'assistance d'un interprète s'il y a lieu. L'autorité indigène est représentée par le cheikh, dont l'assistance est obligatoire, mais gratuite.

fixera d'une manière irrévocable l'étendue de chaque propriété : il est rédigé par le géomètre qui a été chargé du
bornage, d'après une échelle déterminée et en prenant
pour base des points géométriques fixés par une triangu-
lation préalable. Il servira, en outre de la destination
spéciale qui lui sera donnée par le Conservateur, à former les éléments du futur cadastre.

Les délais prescrits pour le bornage et le dépôt du plan
pourront être prorogés avant leur expiration par une
ordonnance du Président du Tribunal mixte, auquel est
attribué à ce sujet un pouvoir d'appréciation discrétion-
naire.

La publication de la clôture du bornage est une formalité fort importante : nous venons de voir qu'elle ouvre
un délai de trois mois au Chef du service topographique
pour déposer le plan ; mais elle a surtout pour objet de
fixer le point de départ d'un délai de deux mois, accordé
aux tiers qui auraient à faire des réclamations et qui n'auraient pas fait mentionner leurs oppositions sur le procès-verbal de bornage, pour pouvoir encore faire opposition utilement entre les mains du Conservateur, du Juge
de paix ou du Caïd, désormais seuls qualifiés à cet effet.
Les oppositions formulées à ce moment seront mention-
nées par celui des fonctionnaires ci-dessus qui les aura
reçues sur un registre spécial, et il en sera dressé un
procès-verbal que ce fonctionnaire signera avec les parties.

Les oppositions pourront être également formées par

lettres missives adressées à l'un des fonctionnaires ci-dessus désignés.

La formalité du bornage est la plus efficace au point de vue de la publicité, c'est le signe matériel le plus évident d'une prise de possession qui a le double avantage de prévenir les voisins et d'éveiller l'attention des tiers, en même temps qu'elle fixe pour l'avenir les limites exactes de l'immeuble et tarit une source fréquente de procès.

Il peut arriver, en effet, que les premières mesures de publicité passent inaperçues, mais lorsque le cheikh de l'endroit aura été prévenu, lorsque le réquérant aura apporté sur le terrain des bornes portant une marque spéciale et bien apparente, lorsque le géomètre sera lui-même sur les lieux avec le personnel qui l'assiste, qu'il y aura séjourné, qu'il aura demandé des renseignements au cheikh de l'endroit, aux gens du pays, les tiers intéressés à veiller à la sauvegarde d'un droit ne pourront plus ignorer la procédure poursuivie et ils viendront tous faire opposition si leur droit paraît compromis.

Ainsi toutes les personnes capables et majeures sont en demeure de faire leurs revendications et de veiller à la défense de leurs droits.

VI. — *Protection des incapables et des absents.* — Mais il fallait assurer aussi la protection des droits des incapables et des absents. Cette mission incombe particulièrement aux magistrats d'une juridiction spécialement créée par la loi nouvelle, le Tribunal mixte, qui exerce une action prépondérante sur la procédure d'immatriculation.

Un juge désigné par le président du Tribunal mixte est chargé de surveiller spécialement les intérêts de cette catégorie de personnes et il dispose à cet effet de pouvoirs tout à fait discrétionnaires. Toutes les pièces de la procédure lui sont communiquées par le Conservateur, il peut faire toutes les enquêtes, prescrire toutes les mesures de protection qu'il estime nécessaires.

Les investigations et recherches lui ont-elles fait découvrir qu'un des droits qu'il est chargé de défendre peut être lésé, il forme opposition au nom du titulaire de ce droit ; il pourra même, si le délai de deux mois imparti par la loi ne lui est pas suffisant pour faire opposition, le faire proroger par le Président du Tribunal mixte qui en avisera les fonctionnaires chargés de recevoir les oppositions.

Enfin la loi accorde à toutes personnes, parents, amis, voisins, procureur de la République, tuteurs, juges de paix, cadis, etc., le droit de faire opposition dans l'intérêt des incapables et des absents. Ces dispositions sont sages et elles révèlent chez le législateur l'intention formelle de prévenir certains abus auxquels peut donner lieu la purge spéciale et de défendre cette procédure contre le reproche de léser souvent des droits légitimes.

VII. — *Les oppositions.* — *Le prononcé de la sentence par le Tribunal mixte.* — Une fois la période de purge terminée, c'est-à-dire une fois les deux mois à compter de la date de clôture des opérations de bornage écoulés (sauf le cas de prorogation), le Conservateur arrête son certificat d'opposition et il transmet toutes les pièces au greffe du tribunal mixte. Un mois plus tard, il enverra également le plan qu'il aura reçu du Service topographique.

Un juge rapporteur, choisi parmi les membres du Tribunal mixte, prend alors au greffe tout le dossier de l'immatriculation. Les opposants sont mis en demeure de faire parvenir dans un délai de 15 jours, augmenté des délais de distance en vigueur en Tunisie près de la juridiction française, leur requête introductive d'instance avec pièces à l'appui. Faute de quoi, l'opposant sera déchu de tout droit. Le requérant prend connaissance des réclamations et y répond par écrit dans un délai déterminé. Le juge fait son rapport.

Le dossier est alors complet, l'affaire est en état d'être jugée et le Président la fait porter au rôle d'une des plus prochaines audiences, les parties sont averties huit jours au moins à l'avance du jour où l'affaire sera appelée en audience publique. Toutes ces notifications sont transmises par voie administrative.

Toutes oppositions, tous litiges provoqués par l'application de la loi, sont soumis au Tribunal mixte, qui les juge souverainement, sans appel et en matière sommaire. Ses décisions sont définitives : elles fixent irrévocablement les droits des parties.

Toutes ces opérations étant terminées, les délais accor-

dés aux opposants étant expirés, le tribunal mixte examine le bien fondé de la demande d'après le dossie que
le Conservateur a constitué et qu'il a déposé au greffe
du Tribunal. Un jugement est alors rendu qui admet ou
rejette la demande (1) soit totalement, soit partiellement,
fixe les droits réels qui existent véritablement sur la propriété, et ordonne, s'il y a lieu, la rectification du bornage
et du plan, ou consacre définitivement les résultats de
cette première partie de la procédure, qui, de provisoire
qu'elle était tout d'abord, devient définitive. Le Tribunal
juge sans appel (2).

VIII. — *Etablissement du titre de propriété*. — Tout
le dossier est alors renvoyé au Conservateur avec la décision du Tribunal. Celui-ci établit le titre de propriété en
se conformant strictement à la décision rendue.

Il attend, s'il y a lieu que les rectifications du bornage
et du plan qui ont pu être ordonnées soient faites.

L'original du titre est consigné sur un feuillet du registre foncier (le grand livre-foncier) déposé à la Conservation de la propriété foncière, qui renseignera dans la
suite les intéressés sur la situation physique et juridi-

1. Même en l'absence de toute opposition, le Tribunal mixte doit
rejeter la demande qui porterait manifestement atteinte aux droits des
tiers.

2. Il a été admis que pour tous les justiciables du tribunal français
opposants à une immatriculation requise par un justiciable de ces
mêmes tribunaux, la compétence du Tribunal mixte serait facultative.

que de l'immeuble ainsi que sur l'identité du propriétaire.

Le titre est établi en langue française, il comporte la description de l'immeuble, sa contenance, les plantatations et constructions qui s'y trouvent et l'inscription des droits réels immobiliers existant sur l'immeuble et des charges qui le grèvent. Le plan y reste annexé : chaque titre de propriété porte un numéro d'ordre.

Des copies littérales sont délivrées à ceux qui y ont droit c'est-à-dire tout propriétaire ou co-propriétaire, enzéliste ou co-enzéliste. Une réduction du plan est annexée à chaque copie.

Cette copie est nominative et le Conservateur en certifie l'exactitude en y apposant sa signature et le timbre de la conservation.

Les détenteurs de droits réels peuvent se faire remettre par le Conservateur des certificats d'inscription qui jouent le même rôle dans la loi tunisienne que les mémorandums dans la loi australienne.

Le Conservateur annule les anciens titres ou documents qu'il conserve dans les archives ; il notifie dans les 24 heures à l'immatriculant que le nouveau titre est établi. Cette notification a pour objet de mettre le titulaire en demeure de prendre connaissance du titre ainsi établi et de faire redresser, dans le mois suivant cette notification, les omissions ou erreurs, purement matérielles, ne modifiant pas la condition de l'immeuble, qui auraient pu se produire en cours de procédure.

Nous verrons plus loin dans le Chapitre consacré au Tribunal mixte que c'est à lui qu'il appartient de statuer sur ces rectifications.

Tels sont les principes essentiels qui ont présidé à l'organisation de cette juridiction : elle répond à cette pensée fondamentale que l'œuvre de constitution de la propriété doit être placée sous la surveillance et le contrôle de l'autorité judiciaire, sans que pourtant la lenteur tutélaire de ses formes puisse arrêter la prompte exécution d'une entreprise qui, pour donner tous ses résultats, doit être conduite avec rapidité. Les formalités de la procédure d'immatriculation auront à peine duré six mois s'il n'y a pas eu d'oppositions.

Il est inutile d'insister sur la divergence qui existe sur ce point entre l'Act Torrens et la loi tunisienne. Cette dernière a voulu entourer la procédure de purge d'un plus grand nombre de garanties afin d'éviter qu'on lui fasse les mêmes reproches qu'à l'Act Torrens.

IX. — *Effets de la purge.* — Une fois le titre dressé, l'origine et le point de départ de la propriété sont fixés d'une manière définitive à l'égard de tous, l'immeuble, purgé de toutes les charges réelles occultes, peut faire dorénavant l'objet de transactions certaines.

Le titre foncier, une fois établi, forme pour l'avenir l'unique base de la propriété.

Tous les droits dont l'inscription n'a pas été requise sont périmés, alors même qu'à la suite d'un dol, leur bénificiaire n'aurait pu les produire en temps utile (1). Pour éviter toutes difficultés sur ce point, le décret français du 17 juillet 1888 a stipulé, daus son article 2, que le titre dressé en suite de la décision du Tribunal mixte prononçant l'immatriculation est définitif et inattaquable. Cet article est ainsi conçu :

« Le titre dressé en suite de la décision du Tribunal mixte prouonçant l'immatriculation est définitif et inattaquable ; il formera devant les juridictions françaises le point de départ unique de la propriété et des droits réels qui l'affectent à l'exclusion de tous autres droits non inscrits ».

Si le Président de la République, usant des pouvoirs qui lui ont été donnés en matière de réforme judiciaire par la convention du 8 juin 1883, a déterminé si nettement dans cet article la valeur des titres de propriété des immeubles immatriculés, ce fut afin de prévenir toute possibilité de malentendu.

On s'était demandé, en effet, si les juridictions françaises n'avaient pas le droit ou même le devoir de reviser et au besoin de modifier, quand ils leur seraient présentés, les titres de propriété dressés par le Conservateur de la propriété foncière en suite de la décision du

1. En cas de dol, d'après l'article 38 de la loi foncière, modifiée en 1892, la personne qui a perdu ses droits n'a d'autre recours qu'une action personnelle en dommages-intérêts contre l'auteur du dol.

Tribunal mixte. Le droit de révision, en suspendant l'effet de l'immatriculation, aurait eu pour conséquence de laisser subsister l'incertitude dans laquelle se trouvait la propriété dans la Régence et que la nouvelle loi immobilère avait pour objet de faire cesser. Il aurait entraîné par conséquent, aussi bien en ce qui concerne l'intérêt des propriétaires qu'au point de vue de l'ordre public, les plus graves inconvénients.

La question est donc aujourd'hui définitivement tranchée. A ce sujet, on ne peut que regretter un jugement du tribunal de Sousse, en date du 28 novembre 1895 ; dans l'espèce, le tribunal, après s'être reconnu le droit de vérifier si le titre de propriété était établi en conformité de la loi foncière, a autorisé un individu à revendiquer des constructions bâties sur un fonds immatriculé au nom de l'administration des habous, sous prétexte que le titre ne faisait pas mention de la construction en litige. Cette décision est heureusement isolée ; car, si une pareille jurisprudence venait à se généraliser, la loi foncière perdrait une grande partie de son utilité, et l'on verrait renaître les incertitudes auxquelles le législateur a voulu mettre un terme. On violerait en outre formellement le décret français du 17 juillet 1888.

Avant de terminer ce chapitre, il nous reste quelques observations à présenter sur le fonctionnement et les pouvoirs du Tribunal mixte et sur l'organisation des registres fonciers en Tunisie.

Appendice. — I. — *Le Tribunal mixte.*

1° *Sa raison d'être.* — Le Tribunal mixte est une innovation de la loi du 1er juillet 1885 ; sa création répond à un besoin spécial : on a pensé qu'il fallait associer à l'œuvre de constitution de la propriété une juridiction expéditive chargée de surveiller l'exécution de la loi et de résoudre les litiges que son application ne peut manquer de soulever. C'est sur la définition juridique de l'immeuble telle qu'elle résulte du jugement du Tribunal mixte, que le Conservateur de la propriété foncière rédige le titre de propriété. On aurait pu, suivant l'exemple de l'Act Torrens, remettre à un haut fonctionnaire, tel que le *Registrar General*, le soin de décider si l'immatriculation doit être accordée ou refusée. Mais le système de juge unique répugne à nos pratiques juridiques et l'on a préféré avoir recours à une juridiction de plusieurs membres.

Si l'Act Torrens n'a pas craint de confier au *Registrar General* une mission aussi délicate et si chargée de responsabilité que celle qui lui incombe, il ne faut pas oublier que les titres de propriété sont infiniment plus simples en Australie qu'en Tunisie et même en France, et que le *Registrar General* est un personnage important, seul de son espèce, résidant dans la capitale et présentant par conséquent des garanties particulières.

La procédure d'immatriculation et de purge constitue pour tous ceux qui prétendent des droits sur un immeuble une mise en demeure énergique d'avoir à les faire valoir, sous peine de déchéance. Cette mise en demeure doit fatalement provoquer des prétentions contradictoires, des revendications, des oppositions de la part des intéressés. Il était de toute impossibilité de déférer la connaissance de ces litiges, où seraient à la fois intéressés Européens et Tunisiens, au Tribunal français qui n'est jamais compétent en matière immobilière quand les Tunisiens sont en cause et qui n'aurait pu leur donner la solution rapide qu'ils comportent à raison du nombre toujours croissant des affaires soumises à sa juridiction.

En outre, la juridiction française admet l'appel des décisions rendues en première instance ; or, il fallait avoir un tribunal prononçant ses arrêts en dernier ressort sous peine de tomber dans d'inextricables difficultés.

D'un autre côté, soumettre au Chara, qui en matière immobilière est la juridiction de droit commun, tous les procès que peut susciter l'application de la loi nouvelle, c'était en retarder l'exécution à raison des lenteurs de la procédure, c'était surtout s'exposer, par la menace de procès longs et difficiles, à paralyser le bon vouloir de propriétaires disposés à adopter le nouveau régime immobilier.

Dans un pays de Capitulations, la création d'un Tribunal mixte s'imposait comme une nécessité résultant de l'état même des choses et des traités internationaux.

2° *Sa composition.* — Le Tribunal, tel que l'organisèrent les articles 33 et 34 de la loi foncière, a compris des juges tunisiens à côté des magistrats français. On avait songé à éliminer l'élément indigène de la nouvelle juridiction, on a heureusement renoncé à cette idée, qui eût pu éloigner les arabes de l'immatriculation en leur inspirant des doutes sur l'impartialité de leurs juges. De plus, si instruits que puissent être nos magistrats dans la connaissance du droit local, ils ont cependant trouvé dans l'assistance de juges indigènes un concours précieux pour l'interprétation d'une législation souvent basée sur l'usage et inspirée par des principes fort différents de ceux de notre droit.

Le décret beylical du 25 Février 1897 a confirmé les règles grâce auxquelles l'art. 34 de la loi de 1885 a combiné la présence des magistrats français en concours avec les juges indigènes de manière à ce que les justiciables comparaissent devant un tribunal formé de membres de leur juridiction personnelle. Lorsqu'il n'y a en cause que des ressortissants du tribunal français, la chambre qui statue est composée de trois magistrats français, sous la présidence du plus élevé en grade, ce seront au contraire trois juges musulmans qui siégeront si les parties sont toutes tunisiennes. Enfin, lorsqu'on rencontrera dans la cause, des justiciables de la juridiction française et des indigènes, il sera formé une chambre mixte composée de trois juges français et de deux magistrats tunisiens, sous la présidence du juge français le plus élevé en grade.

Si des conflits surgissaient relativement à la composition du tribunal, ils seraient tranchés par tout le tribunal réuni en audience solennelle :

Le Tribunal mixte est composé, toujours d'après le décret du 25 Février 1885, de : un président, un vice-président, un juge-rapporteur, six juges, un greffier, un commis-greffier.

Les trois premiers sont des magistrats français nommés par le Bey sur la proposition du Résident Général.

Les six juges sont les trois juges suppléants du tribunal français de Tunis, et trois juges indigènes proposés par le Charà de cette ville.

Le greffier et le commis-greffier sont nommés par le Bey sur la présentation du président du Tribunal mixte.

Le Tribunal est divisé en deux chambres présidées, la première par le président, la seconde par le vice-président. En cas d'empêchement, ces deux magistrats se suppléent entre eux ou sont remplacés par le juge-rapporteur ou, à son défaut, par un juge français appelé par rang d'ancienneté. Une des deux Chambres va tenir au moins une fois par mois une audience foraine à Sousse.

Ainsi constitué par des actes émanant de l'autorité beylicale, le Tribunal mixte est incontestablement en droit une juridiction tunisienne. On a donc pu se demander s'il n'y avait pas une violation des capitulations dans le fait de lui soumettre des oppositions dans lesquelles le demandeur et le défendeur sont tous deux des Européens ou assimilés. Les capitulations en pareil cas excluaient formellement la compétence du tribunal indigène : or, les puissances ont bien consenti à la suppression de leurs juridictions consulaires au profit des tribunaux français, mais non en faveur d'un tribunal tunisien, quelles que soient d'ailleurs les garanties que cette juridiction puisse présenter au point de vue de la science juridique et de l'impartialité. L'argument ne manquerait pas de valeur si la loi foncière n'avait elle-même fourni la réponse à lui opposer : en effet, son article 36 modifié par le décret beylical du 6 novembre 1888, a décidé que lorsqu'une opposition à une immatriculation serait formée par un justiciable des tribunaux français, ce dernier pourrait porter la question devant le tribunal français à la condition de faire valoir son exception avant toute défense au fond. Il est donc permis de soutenir qu'à l'égard des Européens la juridiction du Tribunal mixte est facultative, et qu'en ne demandant pas leur renvoi devant la justice française, ils ont tacitement accepté la compétence du Tribunal mixte à leur égard (1).

3° *Sa compétence.* — La loi foncière de 1885 n'a pas établi d'une façon très nette la compétence du Tribunal mixte ou tout au moins n'a pas défini très exactement les

1. Alger 1re Ch. 30 Janv. 1893.

pouvoirs de cette juridiction. On peut y voir à la fois un tribunal administratif et un tribunal d'ordre contentieux ; c'est le premier caractère qui domine lorsqu'il ne s'est pas produit de contestations ni oppositions.

Le Tribunal se borne à examiner si cette demande est régulière, si les formalités de bornage ont été observées ; il précise la nature et l'étendue des divers droits réels dont l'immeuble est grevé ; en un mot, il prépare les éléments du titre qui sera établi par le Conservateur. Dans ce cas, il ne fait pas œuvre de juridiction, c'est plutôt une commission administrative présidant au fonctionnement régulier de la loi.

L'Act Torrens contient bien en germe cette préoccupation d'associer le pouvoir judiciaire à la constatation de la propriété. Mais c'est surtout l'ordonnance du 21 juillet 1846, sur la vérification des titres de propriété, qui lui a donné tous ses développements, en confiant à une juridiction administrative il est vrai, le Conseil de Contentieux, la mission de surveiller cette vaste opération. En principe, il nous paraît sage de ne pas abandonner exclusivement à des agents administratifs le soin de résoudre des difficultés de fait et de droit que peuvent soulever la rédaction d'un titre de propriété et la constatation de droits mal définis. C'est une œuvre qui exige des connaissances juridiques étendues et peut entraîner de lourdes responsabilités.

La loi tunisienne a bien fait de ne pas les laisser peser entièrement sur le Conservateur.

L'affaire revêt, au contraire, une apparence contentieuse lorsqu'une opposition vient à être formulée contre la demande d'immatriculation.

4°. — *Ses attributions.* — Quand une opposition se produit devant le Tribunal mixte, celui-ci procède à son examen sans dire droit sur le fond même de l'affaire. S'il juge l'opposition irrecevable, le Tribunal a le droit de passer outre et d'ordonner l'immatriculation. Sa décision est alors sans appel (1). Par le fait de cette sentence la propriété est définitivement établie à l'égard de tous. Quant aux opposants, dont la demande est écartée, ils sont irrévocablement dépouillés des droits réels qu'ils pouvaient prétendre, ils conservent seulement une action en dommages-intérêts s'il est démontré que la décision du Tribunal autorisant l'immatriculation, leur a été préjudiciable ; mais tout droit sur l'immeuble est à jamais perdu (2).

1. La loi de 1885 avait même poussé les choses plus loin et violé les principes les mieux établis de notre droit public en reconnaissant au Tribunal mixte le droit d'ordonner l'immatriculation sans qu'il ait besoin de motiver sa décision et lui permettant ainsi d'anéantir des droits d'une valeur qui peut être très considérable. Elle retirait aux justiciables toute protection contre les entraînements ou les défaillances du juge.

A la suite de nombreux reproches adressés au législateur à raison de ce caractère excessif des pouvoirs du Tribunal mixte, la législation en vigueur fut modifiée et dorénavant le Tribunal mixte ne peut plus prendre aucune décision sans motiver son jugement.

2. Art. 37-38.

Si au contraire le Tribunal mixte juge l'opposition bien fondée, il rejette la demande d'immatriculation sans se prononcer sur le fond même de la contestation. Les parties sont remises en l'état où elles se trouvaient avant l'instance (1), et elles doivent recourir aux tribunaux de droit commun, si elles veulent obtenir le règlement définitif du litige (2).

Une fois la question résolue, elles pourront redemander l'immatriculation.

5° *Ses défauts.* — Les pouvoirs ainsi confiés au Tribunal mixte, nous semblent insuffisants, lorsque les oppositions lui paraissant fondées, l'immatriculation est refusée. Le Tribunal n'a pas alors statué au fond ; les parties sont donc obligées de se soumettre aux lenteurs des juridictions et de la procédure de droit commun ; on peut craindre que les propriétaires exposés à des contestations, ne reculent devant l'immatriculation, si elle doit réveiller de longs et difficiles procès.

La loi se trouvera précisément entravée dans l'un des cas où son application serait le plus nécessaire. Une juridiction expéditive, prononçant rapidement sur les difficultés soulevées par l'établissement de la propriété, peut être une institution très utile mais à la condition de trancher définitivement le procès. Elle répond à cette idée juste que les contestations provoquées par cette opéra-

1. Tunis, 1re Ch. 11 avril 1891 ; 11 mars 1892.
2. Tribunal mixte, 28 décembre 1887.

tion considérable exigent des solutions rapides, dans l'intérêt de la paix sociale. Elle s'impose toutes les fois que l'on veut procéder à des abornements généraux (1)(2).

On peut faire remarquer en outre qu'il y a un manque de logique à refuser au Tribunal mixte le droit de se prononcer sur le fond des oppositions et, en même temps, de lui permettre de passer outre à celles qu'il juge irrecevables. Car, le Tribunal qui ordonne une immatriculation statue définitivement et sa décision tranche la question de propriété sans recours possible (nous ne tenons pas compte de l'action en dommages-intérêts). La prudence et la modération du juge seront alors l'unique défense des opposants contre ce pouvoir exorbitant. Or, c'est une

1. Les auteurs du projet primitif l'avaient ainsi compris : la juridiction par eux imaginée, devait trancher définitivement les litiges élevés au cours de la procédure d'immatriculation. Sur ce point, la loi ne paraît pas avoir amélioré leur œuvre.

2. Il est bon de remarquer cependant que si le législateur avait étendu les pouvoirs du Tribunal mixte jusqu'à lui permettre de statuer au fond sur les oppositions et de prononcer l'immatriculation au profit d'un opposant lorsqu'il rejette une demande, une nouvelle publicité n'ayant pas eu lieu, certains des ayants cause de l'opposant, qui bénéficierait de l'immatriculation, pourraient être évincés.

On pourrait, il est vrai, parer à cet inconvénient en faisant une publication nouvelle.

Quoiqu'il en soit, cette discussion sur les pouvoirs du Tribunal mixte n'offre qu'un intérêt purement théorique. Dans la pratique il arrive la plupart du temps que les opposants à une immatriculation poursuivent également la procédure à leur profit, les deux affaires sont jointes et le Tribunal mixte juge définitivement.

erreur de chercher une garantie contre l'arbitraire dans le caractère des hommes plutôt que dans l'efficacité des institutions. Puisqu'on refusait au Tribunal le droit de juger le fond, la logique voulait que la décision sur l'immatriculation fut suspendue jusqu'après main-levée de toutes les oppositions.

Ainsi donc, si l'idée d'établir un Tribunal mixte était bonne, il nous semble que la façon dont il a été compris laisse quelque peu à désirer. Si l'on trouvait que les tribunaux de droit commun, en raison de la lenteur et des complications de la procédure, ne pouvaient coopérer efficacement à l'établissement de la propriété indigène, il fallait créer une juridiction expéditive et, tout en lui donnant des pouvoirs étendus, la placer dans les conditions nécessaires à toute bonne justice.

Quoi qu'il en soit de ces observations, remarquons que le Tribunal mixte n'a d'autre mission que d'établir la situation juridique de l'immeuble. On peut dire qu'il ne fait que constater le droit. Il ne peut donc se prononcer sur les actions possessoires ; il n'aura pas davantage à connaître de l'action en paiement des frais d'instance exposés à sa barre (1).

6° *Son caractère spécial.* — La mission du Tribunal mixte se restreint à la recherche des doits réels ; il sera donc incompétent en ce qui concerne les droits personnels qui peuvent se rapporter à l'immeuble (2).

1. Tunis 2ᵉ Ch. 13 février.
2. Tunis 2ᵒ Ch. 23 mai 1894. Tunis 1ʳᵉ Ch. 23 mars 1896.

Les jugements du Tribunal mixte ne portent pas condamnation et ne sont pas susceptibles d'exécution au sens strict du mot.

La nature des pouvoirs du Tribunal mixte donne à son égard, à la théorie de la chose jugée, un caractère spécial. S'il a rejeté une demande d'immatriculation, les parties peuvent reprendre devant le tribunal de droit commun tout le litige sans se préoccuper du préjugé qui peut résulter du rejet de l'immatriculation (1); cette solution n'a, d'ailleurs, rien que de très juridique, car l'autorité de la chose jugée ne s'attache qu'au dispositif des jugements et non à leurs considérants; or, la décision se contente de rejeter la demande sans dire droit sur le fond de la contestation, à tel point que le jugement portant refus de l'immatriculation ne constitue, à l'égard du demandeur, qu'un simple débouté en l'état qui lui permet de recommencer la procédure s'il fournit une nouvelle preuve de ses droits. Au contraire, si le Tribunal mixte prononce l'admission de la requête, le titre de propriété, dressé à la suite de sa décision doit être respecté. Le décret du Président de la République, du 17 juillet 1888, est formel : Le jugement du Tribunal mixte acquiert donc, dans ce cas, une véritable autorité de chose jugée (2).

Nous n'insisterons pas davantage sur ces questions de procédure d'un intérêt purement juridique.

Tunis 1re Ch. 23 novembre 1891. Tunis 2e Ch., 26 février 1897.
2. Tunis 1re Ch., 31 janvier 1893.

7° Décrets beylicaux de février et mars 1897, concernant le Tribunal mixte. — Il nous reste un dernier mot à dire sur les pouvoirs du Tribunal mixte.

La loi foncière de 1885 et les textes postérieurs ne parlaient point de la rectification des erreurs matérielles et des omissions qui pouvaient se produire dans la procédure d'immatriculation. Un décret beylical du 25 février 1897 est venu combler cette lacune en donnant au Tribunal mixte la mission de rectifier les omissions et les erreurs matérielles contenues soit dans les relevés et plans du Service topographique, soit dans les jugements prononçant l'immatriculation, soit dans les titres de propriété établis en exécution de ces jugements.

Un décret beylical du 19 mars 1897 complète ces dispositions en décidant que les seules erreurs susceptibles de rectification sont les erreurs matérielles ou les omissions provenant d'une inadvertance de l'un quelconque des agents ayant pris part à l'immatriculation et consistant en une faute d'écriture, de chiffre ou de dessin.

II. — *Organisation des registres fonciers en Tunisie.*

La loi tunisienne a voulu innover sur ce point et il semble qu'elle l'ait fait d'une façon malheureuse. Elle a substitué au *Registre Matrice* australien, unique, ayant une feuille spéciale affectée à chaque immeuble, sur laquelle se trouvent relatés au fur et à mesure tous les droits qui peuvent concerner cet immeuble, un mécanisme extraordinairement compliqué qui ne comporte pas moins de cinq livres fonciers. La Conservation de la propriété foncière possède en effet trois registres :

1° Le registre des titres de propriété ;

2° Le registre d'ordre des formalités préalables à l'immatriculation ;

3° Le registre de dépôt où sont constatées par numéro d'ordre et à mesure qu'elles s'effectueront, les remises des décisions du Tribunal mixte ordonnant l'immatriculation, celles des documents à fin d'inscription, de transcription de saisie, et généralement de tous actes ou écrits à inscrire, transcrire ou mentionner.

Le Conservateur tiendra en outre deux tables alphabétiques : 1° Une table alphabétique des titulaires des droits réels et des baux inscrits à la Conservation de la propriété foncière.

2° Une table alphabétique des titres de propriété.

Et cependant, cette organisation actuelle des registres fonciers malgré sa complication est un grand progrès si on la compare à ce qu'elle était sous l'empire de la loi de 1885 et avant les modifications qui y furent apportées en 1886 et 1892.

En 1885, en effet. il n'y avait pas de registre des titres de propriété, mais à sa place un registre d'inscription. Les titres de propriété classés et numérotés formaient une autre collection déposée dans les archives du Conservateur. Ce qui obligeait celui-ci à des recherches laborieuses.

Il y avait encore un répertoire dans lequel étaient portées au fur et à mesure des actes, sous le nom de chaque immeuble, les inscriptions qui le concernaient. Ce répertoire a été modifié en 1886 et supprimé en 1892.

Le principal inconvénient de cette organisation était un manque absolu de conformité entre le livre foncier et la copie du titre de propriété remise au propriétaire, ce qui, nous le savons, était considéré dans l'Act Torrens comme un point capital. Cet inconvénient a disparu aujourd'hui.

Il existait une autre défectuosité de l'organisation des registres fonciers en Tunisie et qui actuellement a disparu aussi : Nous voulons parler du mode de dénomination des immeubles.

Tandis qu'en Australie l'immeuble est désigné par le numéro qu'il porte au plan cadastral, en Tunisie, chaque domaine a un nom : c'était là sa seule désignation. Or, ce système tunisien ne semblait pas devoir résister longtemps au morcellement du sol.

A chaque division d'immeuble, il fallait donner un état civil aux parcelles nouvelles : sources inévitables de confusion et d'erreurs.

Cela pouvait à la rigueur subsister dans un pays de grandes propriétés comme est actuellement la Tunisie. Mais en sera-t-il toujours ainsi ? C'est peu probable si l'on en juge par les statistiques. En tous cas, la désignation des immeubles par numéro d'ordre est toujours plus simple et plus pratique. Aussi a-t-on prévu les inconvénients qui pouvaient en résulter par la suite et aujourd'hui l'immeuble est désigné au bureau de la Conservation sous la double forme : Son nom et un numéro d'ordre. Ce système, qui n'occasionne qu'un très faible surcroît d'écritures, offre l'avantage de faciliter beaucoup les recherches et d'éviter tout espèce de malentendu sur l'immeuble en cause.

Signalons en passant un point commun à la législation australienne et tunisienne.

Dans chacune d'elles ce n'est pas seulement l'état civil de l'immeuble qui est décrit au livre foncier, mais les circonstances qui modifient la capacité civile du propriétaire y sont aussi relatées : telles sont la minorité, l'interdiction, le mariage. Il n'importe pas moins aux acquéreurs et aux prêteurs de connaître la capacité de celui avec qui ils contractent que la situation juridique de son bien.

M. Dain prétend que les faits dont il s'agit peuvent être connus autrement que par une inscription sur les registres fonciers et que par suite il est inutile d'en encombrer ceux-ci. C'est possible, mais on peut dire alors la même chose de toutes les innovations de l'Act Torrens reproduites par la loi tunisienne.

Dans notre législation, si défectueuse au point de vue de la transmission des droits immobiliers, nous pouvons à la rigueur obtenir tous les renseignements que requiert la sécurité des transactions. Notre conservateur des hypothèques doit tenir un registre où se trouvent mentionnés, sous le nom de chaque propriétaire, les actes qui concernent ses biens ; mais il se peut que plusieurs propriétaires portent les mêmes noms, vous pouvez encore ignorer le nom du propriétaire précédent qui peut avoir donné hypothèque sur l'immeuble, le conservateur ne fera pas naturellement les recherches nécessaires. Ce système est donc bien défectueux et il est préférable d'avoir sur un feuillet du livre foncier tous les faits qui intéressent l'acquéreur ou le prêteur.

III. — *Le fonds d'assurance.*

Nous ne parlerons pas du fonds d'assurance qui fut supprimé en Tunisie par une loi de 1892, son inutilité résultant clairement des rapports faits chaque année au Président de la République par le Ministre des Affaires Etrangères. De plus, le législateur tunisien a pensé avec juste raison que pour que tous les intéressés veillent mieux à la défense de leurs droits, la purge devait être non seulement rapide mais brutale. Cette loi de 1892 a laissé cependant subsister l'action personnelle mais seulement en cas de dol et contre l'auteur du dol.

Dans le premier projet de loi de 1885, en Tunisie, la responsabilité de l'Etat vis-à-vis des ayants-droit était écartée en prévision des charges possibles qu'une semblable responsabilité pourrait faire peser sur lui, puis, dans la rédaction définitive, la responsabilité avait été établie et avec elle l'institution d'un fonds d'assurance sur le modèle de celui de l'Act Torrens, avec cette restriction toutefois que le recours était limité aux 2/3 de la somme en caisse.

CHAPITRE II

Des droits réels qui peuvent grever l'immeuble sous le régime foncier actuel en Tunisie.

La loi tunisienne s'est inspirée dans cette partie de son œuvre des principes du code civil. Aussi n'insisterons-nous pas sur ce point et nous contenterons-nous d'un rapide aperçu.

Les Articles 3-11 de la loi de 1885 sont copiés textuellement sur les articles 517-525 du Code civil.

Les droits réels immobiliers de même que les actions qui tendent à revendiquer un immeuble sont immeubles par l'objet auquel elles s'appliquent (Art. 12, loi de 1885-Art. 526 Code civil).

Les droits réels immobiliers sont aux termes de la loi de 1885: la propriété immobilière, l'enzel et la rente d'enzel, l'usufruit des immeubles, l'usage et l'habitation, l'emphytéose, la superficie, les servitudes foncières, l'antichrèse, les privilèges et les hypothèques.

I. — *Le droit de propriété; le droit d'accession, le droit de préemption ou çheffaa. — La propriété immo.*

bilière est le droit de jouir et disposer d'un immeuble par nature ou par destination de la manière la plus absolue, pourvu qu'on n'en fasse pas un usage prohibé par les lois ou par les réglements (art. 56, loi de 1885-Art. 544 du Code civil).

Le *droit d'accession* est régi par les art. 63 à 76 de la loi de 1885 sous réserve des modifications apportées aux articles 65 et 72 par la loi de 1892 qui supprime la prescription comme moyen d'acquisition.

L'article 72 de la loi de 1885 est en opposition complète avec l'art. 561 du Code civil.

La *préemption*, ou *droit de cheffaa* est le droit reconnu à tout propriétaire indivis d'un même immeuble, à tout cohéritier sur les immeubles de la succession, à tout co-propriétaire divis d'une maison d'habitation, au superficiaire pour l'acquisition du sol et au propriétaire du sol pour l'acquisition de la superficie, d'acquérir la portion vendue à un tiers, en se substituant à cet acquéreur, moyennant le remboursement du montant de la vente avec le prix des améliorations et les loyaux coûts du contrat. (Art. 77 de la loi de 1885. Voir à ce sujet les art. 841, 1408, 1699 du Code civil).

La loi de 1885 n'accorde pas ce *droit de cheffaa* aux propriétaires voisins. Elle ne parle pas non plus dans son article 78 du crédi-enzéliste et du débi-enzéliste. Or, nous devons considérer l'énumération comme limitative.

Comme il importe de ne pas laisser la propriété long-temps incertaine, un délai fort court est laissé pour l'exercice du droit. Dans tous les cas, le droit de préemption se prescrit pas six mois à dater du jour de la vente. La loi a très heureusement concilié l'intérêt public qui veut que le droit de propriété soit nettement établi avec le respect des habitudes locales qui avaient organisé le droit de cheffaa.

II. — *L'enzel et la rente d'enzel.* — *L'enzel* est une propriété foncière grevée d'une rente perpétuelle (Art. 83, loi de 1885). C'est un droit réel immobilier de même que la rente d'enzel. Aussi le montant des arrérages doit être inscrit avec le droit lui-même.

L'enzéliste peut demander l'immatriculation de l'immeuble sur lequel porte son enzel.

Les arrérages se prescrivent par cinq ans (Art. 85, loi de 1885. Art. 2277 Code civil).

L'enzel est susceptible d'usufruit (Art. 93), d'hypothèque (Art. 233), d'expropriation forcée au profit des créanciers (Art. 287).

La rente d'enzel est susceptible d'usufruit mais non d'hypothèque et d'expropriation forcée. On ne voit pas bien la raison de cet état de choses, d'autant plus que l'usufruit de la rente d'enzel nous semble susceptible d'hypothèque et d'expropriation forcée.

III. — *Les servitudes personnelles : l'usufruit des immeubles, l'usage et l'habitation.* — Les servitudes personnelles comprennent : l'usufruit des immeubles, l'usage et l'habitation.

L'usufruit immobilier est le droit de jouir d'un immeuble dont un autre a la propriété, comme le propriétaire lui-même, mais à la charge d'en conserver la substance (Art. 90-134 de la loi foncière tunisienne. Art. 578-625 du Code civil).

L'usufruit peut être établi : sur la propriété immobilière, sur l'enzel, sur la rente d'enzel, sur l'emphytéose pour le temps de sa durée, sur la superficie, sur l'antichrèse, sur les hypothèques (nouvel art. 93 modifié).

L'usufruit immobilier est lui-même susceptible d'hypothèque.

L'usage et l'habitation sont régis par les articles 134 à 145 de la loi de 1885 qui sont la copie textuelle des articles 625 et 636 du Code civil.

IV. — *L'emphytéose.* — *L'emphytéose* est un droit réel immobilier qui consiste à avoir la pleine jouissance d'un immeuble appartenant à autrui sous la seule condition de lui payer une redevance annuelle, soit en argent, soit en nature, en reconnaissance de son droit de propriété (Art. 146 de la loi de 1885. Loi belge du 10 janvier 1824).

Il ne faut pas confondre, malgré les apparences, l'emphytéose avec l'enzel. L'enzel est perpétuel en principe, tandis que l'emphytéose est établi pour une durée variant entre vingt et quatre-ving-dix-neuf ans.

La rente d'enzel est un droit réel immobilier, tandis que le droit a la redevance emphytéotique est personnel et mobilier.

Le droit du débi-enzéliste est absolu, il a le *jus utendi, fruendi et abutendi*, l'emphytéose n'a pas le *jus abutendi*.

Cependant, étant donné l'importance de son droit, l'emphytéote peut requérir l'immatriculation de l'immeuble grevé d'emphytéose même sans le consentement du propriétaire (nouvel article 22 de la loi foncière modifié). Il peut aliéner son droit et grever le fonds emphytéotique, pour la durée de sa jouissance, d'usufruit (art. 93) et d'hypothèque (Art. 233).

Son droit est susceptible d'expropriation forcée (Art. 287).

V. — *La superficie.* — Le *droit de superficie* est un droit réel immobilier qui consiste à avoir des bâtiments, ouvrages ou plantations sur un fonds appartenant à autrui (Art. 150).

Celui qui a le droit de superficie peut toujours l'aliéner et l'hypothéquer. Il peut grever de servitudes les biens qui font l'objet de son droit, mais dans la limite qui lui appartient pour l'exercice de ce droit (Art. 151).

Le droit de superficie s'éteint : 1° Par la confusion ; 2° Par la destruction du fonds (nouvel art. 152 modifié par la loi de 1892 supprimant la prescription).

L'immatriculation de l'immeuble grevé de superficie peut être requise par le superficiaire sans le consentement du propriétaire (nouvel article 22).

VI. — *Les servitudes foncières.* — Les *servitudes foncières* sont des charges imposées aux immeubles pour l'usage et l'utilité d'un immeuble appartenant à un autre propriétaire.

Elles dérivent, comme dans le Code civil, ou de la situation naturelle des lieux, ou des obligations imposées par la loi, ou des conventions entre les propriétaires. Ces dernières seules sont sujettes à l'inscription.

Nous n'insisterons pas sur ce point qui n'offre aucun caractère d'originalité et nous écarterait trop de notre sujet.

Les règles concernant les servitudes en Tunisie sont à peu de choses près les mêmes qu'en droit français.

VII. — *L'antichrèse.* — L'antichrèse est la remise d'un immeuble par le débiteur à son créancier pour sûreté de sa dette. (Art. 217, loi de 1885, Art. 2071 Code civil).

Nous retrouvons dans les articles 218 à 227 de la loi de 1885 la copie littérale des articles 2077, 2080, 2083 et 2085 à 2091 du Code civil).

VIII. — *Les privilèges et les hypothèques.* — Le *privilège* est un droit réel immobilier que la qualité de la créance donne à un créancier d'être préféré aux autres créanciers même hypothécaires.

La loi foncière tunisienne a fait sur ce point des innovations importantes. Les privilèges occultes sont incompatibles avec la loi tunisienne, ainsi que nous le verrons tout à l'heure et ainsi que nous l'avons déjà vu pour l'Act Torrens.

La loi de 1885 n'osa pas les supprimer complètement en les remplaçant par des hypothèques, elle supprima cependant le privilège du vendeur. Aujourd'hui, en Tunisie, sont seules privilégiées : sur le prix des meubles, ceux de l'article 2101 du Code civil, vu leur peu d'importance ; sur le prix des immeubles et dans l'ordre établi ci-après : 1° Les frais de justice ; 2° Les droits du Trésor (ces deux catégories de privilèges s'exercent sur les meubles d'abord et à leur défaut sur les immeubles, ils ne sont pas assujettis à l'inscription, mais peuvent être, par leur nature, facilement connus du public); 3° Les arrérages dûs au crédi-rentier de l'enzel (l'inscription en est prise d'office par le Conservateur, elle est dispensée de renouvellement, elle a la même durée que le privilège).

L'*hypothèque* est un droit réel immobilier sur les immeubles affectés à l'acquittement d'une obligation.

La question des hypothèques est réglée par les articles 231 à 286 de la loi foncière tunisienne.

Là encore, nous trouvons en Tunisie des innovations et des différences avec notre Code civil.

Toute hypothèque occulte est abolie complètement comme incompatible avec le principe de publicité établi par le nouveau régime foncier. Toutes les hypothèques (qu'elles soient forcées ou volontaires) doivent être spécialisées au double point de vue du montant de la créance garantie et de la désignation de l'immeuble hypothéqué. Elles ne s'acquièrent que par l'inscription prise sur le titre de propriété, cette inscription est valable pour toute la durée de l'hypothèque, elle n'a pas besoin d'être renouvelée.

Les articles 235 et 236 de la loi de 1885 qui citaient quelques exceptions à le règle de l'inscription, ont été abolis par une loi de 1892.

De cette façon les tiers sont suffisamment renseignés par le simple examen du titre de propriété, la règle de publicité est rigoureusement observée.

La suppression des hypothèques occultes élargit alors le cercle des prêteurs en facilitant la circulation des titres hypothécaires et fournit par suite au crédit foncier de précieuses ressources.

Mais on enlevait ainsi aux incapables et femmes mariées ces mesures de proctection prises en leur faveur. La loi foncière tunisienne a remédié à cet inconvénient en empruntant à la loi belge du 16 décembre 1851 certaines dispositions (1).

Les hypothèques légales n'existent plus, mais sont remplacées par des hypothèques spéciales prises soit de bon-

1. La loi belge du 16 décembre 1851 a adopté le principe de la publicité hypothécaire absolue.

Les hypothèques légales sont maintenues mais profondément modifiées ; de générales et occultes, elles deviennent publiques et spéciales. Elles sont soumises à l'inscription sur le registre du Conservateur. L'hypothèque de la femme sur les biens de son mari est déterminée par le contrat de mariage. On fixe les immeubles sur lesquels sera prise l'inscription, jusqu'à concurrence de quelle somme l'hypothèque s'exercera.

Cette hypothèque garantit la dot et les conventions matrimoniales ; en ce cas, les parties elles-mêmes la fixent dans le contrat. Si la femne grâce par le débiteur, soit d'office à la suite d'une décision de justice.

A l'ouverture de la tutelle ou au moment du contrat de mariage, le conseil de famille ou la femme fixe contradictoirement avec le tuteur ou le mari le montant de l'hypothèque et son assiette.

me veut garantir par une hypothèque les droits qui lui sont acquis postérieurement, elle doit s'adresser au président du tribunal.

Le mari doit inscrire l'hypothèque avant la célébration du mariage.

L'hypothèque de la femme non inscrite est inefficace.

L'hypothèque prend rang du jour de l'inscription.

Par la suite, et en cas d'insuffisance des immeubles, le président du tribunal peut autoriser la femme à requérir sur d'autres immeubles de son mari des inscriptions jusqu'à concurrence de la somme qu'il juge nécessaire. Réciproquement le mari peut obtenir restriction de l'hypothèque dont le président du tribunal a autorisé l'inscription, s'il justifie que les garanties accordées à la femme sont devenues excessives.

Les règles sont les mêmes pour les hypothèques du mineur et de l'interdit.

Le conseil de famille fixe le montant de l'inscription et désigne les immeubles à hypothéquer (art. 78).

La délibération du conseil de famille doit être motivée, le tuteur entendu.

Il y a au greffe de chaque justice de paix, la tenue d'un état de toutes les tutelles ouvertes dans le canton.

L'hypothèque des mineurs et interdits, comme celle de la femme mariée, peut être restreinte ou augmentée au cours de la tutelle suivant les besoins.

L'hypothèque judiciaire est supprimée.

En cas de désaccord, le Tribunal statue. Si la femme n'a pas stipulé une hypothèque conventionnelle lors du contrat, elle peut en exiger une au cours du mariage et si le mari refuse, elle peut l'obtenir du Tribunal. Il en **est** de même pour le mineur.

Dans le cours de la tutelle ou du mariage il est toujours loisible de diminuer ou d'augmenter les garanties.

Le crédit du mari ou du tuteur n'est donc pas inutilement engagé au-delà des limites nécessaires. Les incapables trouvent toutes les protections légitimes dans les mesures prises au début de la gestion. La double surveillance du conseil de famille et du Tribunal sauvegarde amplement les droits du mineur. Quant aux femmes, une hypothèque conventionnelle, réduite au strict nécessaire, sera moins facilement compromise par des subrogations, devenues aujourd'hui d'un usage courant que l'hypothèque générale et occulte de notre code civil.

Dans la pratique actuelle, cette garantie légale périt souvent par son excès même. Elle constitue une si lourde entrave pour le crédit du mari et le développement des affaires communes, qu'une renonciation la fait presque toujours disparaître au profit des créanciers du mari, précisément dans les cas où elle serait le plus utile.

L'article 239 modifié par la loi de 1892 nous donne encore un cas d'hypothèque forcée ; c'est celle qui existe au profit du vendeur, de l'échangiste ou du co-partageant sur l'immeuble vendu, échangé ou partagé, quand il n'a pas été réservé d'hypothèque conventionnelle pour le paiement du prix de la soulte d'échange ou de partage.

Il résulte de l'interprétation des articles 246 et 247 que la clause de conservation de l'action résolutoire doit toujours être inscrite.

Quant à l'hypothèque judiciaire du droit français, elle est complètement abolie dans la Régence, qui a suivi sur ce point l'exemple de la Belgique et des Etats allemands. Il nous semble que la Tunisie ait bien fait et que la France devrait suivre son exemple. L'hypothèque judiciaire est une institution dangereuse pour le crédit et établit au profit du créancier le plus diligent une injuste inégalité.

Du reste, les effets de l'hypothèque judiciaire sont le plus souvent aussi préjudiciables aux créanciers pris dans leur ensemble que désastreux pour le débiteur. Les affaires d'un débiteur commencent-elles à péricliter, l'alarme se répand, la masse des créanciers se met en mouvement et bientôt, luttant de vitesse, chacun se précipite pour obtenir les sûretés et se créer une situation préférable. L'hypothèque judiciaire est une prime offerte à la poursuite et chacun poursuit en accumulant des frais considérables sur le malheureux débiteur qui aurait pu quelquefois, avec des délais, réaliser avantageusement son actif et qui succombe victime de l'affolement de ses créanciers.

Désormais un créancier ne pourra plus obtenir de la justice au détriment des autres créanciers une sûreté particulière qu'il n'avait pas exigée de son débiteur ou que celui-ci avait refusée au moment du contrat. C'est le concours égal entre tous les créanciers, substitué au privilège accordé au créancier le plus diligent.

Nous aurons peu de choses à dire des hypothèques dites volontaires. La loi tunisienne a repris sur ce point à peu près textuellement les dispositions du Code civil.

L'article 251, cependant, est une dérogation à l'article 2158 du Code civil. Cette dérogation nous semble très heureuse. La loi tunisienne a, conformément aux véritables principes, reconnu aux actes juridiques passés en pays étrangers la force de constituer hypothèque sur des immeubles sis en Tunisie, à condition de se conformer aux dispositions de la loi. Le Code civil n'admet pas cette règle pour les immeubles sis en France.

Les hypothèques volontaires peuvent être ou testamentaires, ou conventionnelles.

L'hypothèque testamentaire, ignorée en droit français, mais empruntée à la loi belge, a pour objet de garantir les legs contenus dans un testament, elle est établie pour un chiffre déterminé par le testateur sur un ou plusieurs de ses immeubles spécialement désignés dans le testament (art. 254).

L'hypothèque testamentaire sera inscrite par le Conservateur, sur le dépôt du testament ou de la copie authentique, à la requête du légataire (art. 361). Cette hypothèque remplace l'hypothèque légale de l'article 1017 du Code civil.

Il résulte de l'interprétation de l'article 255 comparé aux article 2129 et 2130 du Code civil que l'hypothèque des biens à venir est prohibée par les lois foncières puisque l'article ne désigne comme susceptibles d'hypothèques que les biens actuellement appartenant au débiteur et que les dispositions de l'article 2130 dérogeant à la règle ne sont pas reproduites.

L'hypothèque conventionnelle n'est valable, et ne peut en conconséquence être inscrite qu'autant que la somme pour laquelle elle est consentie est déterminée dans l'acte. Si la créance résultant de l'obligation est conditionnelle, la condition sera mentionnée dans l'inscription (Art. 257. Art. 2132 Code civil) (1).

L'hypothèque consentie pour sûreté d'un crédit ouvert à concurrence d'une somme déterminée qu'on s'oblige à fournir, est valable et peut en conséquence être inscrite ; elle prend rang à la date de son inscription sans égard aux époques successives de la délivrance des fonds.

Aucune condition de forme n'est requise pour le contrat hypothécaire. Les hypothèques volontaires peuvent s'établir par écrit sous-seing privé. Cela supprime les frais d'actes et par suite diminue le loyer de l'argent.

Cependant, ainsi que nous le verrons plus loin, l'opposabilité de l'hypothèque aux tiers reste soumise à son inscription, mais la durée de validité de l'inscription n'est plus restreinte à dix ans : « Les hypothèques inscrites au livre foncier ont la même durée que les droits et les créances qu'elles garantissent. Elles ne sont pas soumises à renouvellement. »

1. Voir Baudry-Lacantinerie, Tome III, n° 1311.
2. Voir Baudry-Lacantinerie, Tome III, n° 1286.

En ce qui concerne le rang des hypothèques, soit forcées, soit volontaires, la loi foncière a reproduit textuel
lement les art. 2134 et 2147 du Code civil (art. 259 et
260).

Même observation en ce qui concerne les effets des
hypothèques à l'égard des tiers détenteurs (art. 261-272
de la loi de 1885 et art. 2166-2169 et 2172-2179 du Code
civil).

Les causes d'extinction des hypothèques sont aussi les
mêmes en droit français et en Tunisie, sauf la restriction
concernant la prescription supprimée par la loi du 15
mars 1892.

Pour purger l'un des immeubles grevé d'hypothèque,
il faut être acquéreur à un titre quelconque de l'immeuble hypothéqué ; il faut encore que le nouveau propriétaire ne soit pas obligé personnellement au paiement de
la dette hypothécaire, car la purge constitue un paiement
forcé et anticipé pour les créanciers auquel les débiteurs
personnels n'ont pas le droit de les contraindre (1).

En ce qui concerne la procédure de purge la loi tunisienne s'est inspirée du Code civil après quelques légères
modifications prises dans la loi belge de 1852.

Tels sont les différents droits réels qui peuvent grever
un immeuble sous l'empire de la loi foncière appliquée
dans la Régence.

Nous allons voir comment on doit procéder en Tunisie

1. Voir Baudry-Lacantinerie. Tome III, n°ˢ 1514 et suivants.

pour grever une propriété immatriculée d'un droit réel.
Nous allons retrouver ici presque toutes les règles étu-
diées au sujet de l'Act Torrens. Ce que nous avons dit
dans la 1re partie sur les avantages et les inconvénients
qui peuvent résulter dans la pratique de cet état de
choses, pourrait s'appliquer également au régime foncier
tunisien, nous n'insisterons donc pas sur ce point, nous
contentant d'en indiquer en quelques mots les traits principaux.

QUATRIÈME PARTIE

**INSCRIPTION ET TRANSCRIPTION DES DROITS RÉELS IMMO-
BILIERS. — MOBILISATION DU SOL ET CRÉDIT FONCIER**

CHAPITRE I

Le rôle du conservateur de la propriété foncière.

Une fois le titre de propriété établi irrévocablement, la
mission du Tribunal mixte est terminée. Seul le Conservateur de la propriété foncière va assurer l'exécution des
formalités de la loi pour l'application des principes de
légalité et de publicité lesquels principes forment la
base du système foncier dont nous nous occupons actuellement.

SECTION I. — *Application du principe de légalité.* —
L'inscription d'un droit réel sur le registre foncier par
les soins du Conservateur doit faire foi absolue et constituer le droit réel. Telle est la formule du principe de
légalité.

L'application de ce principe nécessite chez le Conservateur un droit de vérification assez étendu et certains pouvoirs
que nous ne retouvons pas chez nos conservateurs des
hypothèques en France, lesquels jouent un rôle purement passif.

Quel est donc le rôle de ce Conservateur de la propriété foncière en Tunisie et quels sont ses pouvoirs ?

Le Conservateur est d'abord un fonctionnaire dont les
attributions peuvent être comparées à la fois à celles des
conservateurs des hypothèques en France et des notaires. Comme nos conservateurs il tient les registres fonciers et inscrit les actes relatifs aux immeubles ; il délivre les extraits des registres et des titres. Mais sa mission principale consiste à rédiger les titres de propriété.
Tout d'abord il établit, ainsi que nous l'avons vu plus
haut, le titre initial qui servira de point de départ à toutes les transactions ultérieures, fonction identique à celle
que la loi algérienne du 26 juillet 1873 confie à l'administration des domaines après l'achèvement des opérations du commissaire enquêteur.

Le Conservateur est, en outre, chargé d'inscrire sur
les titres de propriété et sur les registres fonciers tous
les droits réels et, en général, toutes les modifications
juridiques que subit l'immeuble ; en cas de mutation et de
partage il rédige de nouveaux titres. Il porte sur chacun
de ces titres nouveaux, les mutations qui figuraient sur
le titre primitif en tant qu'elles intéressent le nouvel
immeuble, il y joint l'extrait du plan après vérification

des limites et du bornage par un des agents du service topographique. La concordance la plus parfaite sera de la sorte maintenue entre les titres de propriété et le cadastre.

Les attributions du Conservateur sont tellement étendues qu'elles réduisent singulièrement l'importance des notaires dans les opérations immobilières ; elles ne rendent pourtant pas absolument inutile le concours de ces officiers ministériels. Leur intervention sera toujours nécessaire pour les transactions compliquées.

Enfin si le Conservateur n'a pas de pouvoirs comparables à ceux du *Registrar General*, il a du moins un certain rôle actif et c'est là un point qui le différencie singulièrement de notre conservateur des hypothèques. Nous voulons parler ici du droit et du devoir qu'il a de s'assurer de l'identité et de la capacité des parties qui viennent requérir une inscription.

L'identité des parties lui est assurée par la légalisation des signatures ou si les parties ne savent pas signer par leur comparution devant les autorités compétentes et par la reconnaissance de l'écrit en présence de témoins. Il peut procéder à une inscription purement provisoire jusqu'à ce que les justifications nécessaires lui aient été fournies. Il pourra d'ailleurs y avoir lieu entre lui et le requérant à un débat devant la justice.

Le Conservateur recherche encore si les parties, ont la capacité voulue pour contracter.

A l'origine, l'art. 354 de la loi de 1885 n'avait prévu

que le cas de doute sur l'identité des parties et n'avait pas envisagé l'hypothèse au cas où ce serait la capacité des parties qui serait incertaine :

Le Conservateur désarmé était alors obligé d'inscrire des actes présentés par des incapables. Le rôle passif qu'il jouait en ce cas pouvait être un danger si l'on envisage les conséquences graves du principe de légalité admis par la loi foncière tunisienne. Il était à crainde que les registres ne reçussent de ce fait des inscriptions d'actes frappés de nullité ; c'eût été une source d'erreurs et de fraudes qui aurait considérablement diminué leur valeur et leur autorité.

Aussi, en présence de ces inconvénients, le législateur modifia l'article 354 et aujourd'hui le Conservateur examine avant d'inscrire un droit réel, les circonstances qui permettent ou interdisent au requérant de traiter librement à raison soit de sa condition personnelle, soit de ses conventions matrimoniales.

Dans le cas où il conçoit des doutes sur la capacité du requérant, il peut prendre, comme en cas de doute sur l'identité, une inscription provisoire et invite les parties à produire dans un délai de quinzaine augmenté des délais de distance des justifications complémentaires.

Si ces justifications ne sont pas fournies dans le délai fixé, l'inscription provisoire devient sans valeur et les parties sont renvoyées à se pourvoir devant le Tribunal compétent.

Mais si le Conservateur a pour mission de vérifier la

capacité et l'identité des parties. En revanche il n'a à
exiger aucune condition d'authenticité des actes présentés
à l'inscription.

La vente, la dotation, l'hypothèque peuvent résulter
d'actes sous-seings privés et être admises sous cette forme
au bénéfice de l'inscription.

Le Conservateur n'a pas non plus le droit de vérifier
la validité de l'acte au fond : dès lors il peut arriver qu'on
inscrive un acte entaché d'une nullité de fond. Toutefois,
si celui qui avait véritablement des droits parvient à faire
annuler l'inscription prise à son préjudice, il ne pourra
reprendre l'immeuble que dans l'état où il se trouve, par
exemple grevé des hypothèques qui auraient été consen-
ties par le propriétaire apparent à un tiers de bonne foi.

La loi tunisienne confond le propriétaire apparent mais
inscrit avec le propriétaire réel. Elle consacre la mobilisation de l'immeuble et elle fait de la Conservation foncière une sorte de marché où, comme sous le régime de
l'art. 2280 du Code civil, les immeubles possédés par des
individus inscrits en vertu de contrats dolosifs peuvent
être transmis valablement et régulièrement à des acquéreurs de bonne foi.

Le système tunisien repose presque exclusivement sur
le principe de la force probante de l'inscription. Il n'a
d'autre objectif que de faciliter la transmission des immeubles et de les rendre accessibles à l'hypothèque en
les affranchissant de toutes causes d'éviction occultes.

Nous pouvons faire à ces dispositions les mêmes repro

ches que ceux que nous avons signalés au sujet de l'ancien art. 354 qui ne donnait pas au Conservateur le pouvoir de vérifier la capacité des parties.

Les énonciations du registre ont une telle importance qu'il eût mieux valu donner au fonctionnaire qui les rédige des pouvoirs plus étendus, tels que ceux qui appartiennent aux juges fonciers allemands.

Le législateur n'a pas voulu étendre dans de telles proportions les pouvoirs du Conservateur, dans la crainte de voir réunies dans les mêmes mains des attributions administratives en même temps que judiciaires. Cette crainte nous paraît fondée, mais alors on aurait pu instituer à côté du Conservateur qui aurait conservé les attributions administratives, un juge exclusivement chargé de vérifier la validité des actes présentés.

Section II. — Application du principe de publicité. — *Inscription des droits réels immobiliers. Suppression des privilèges et charges occultes, principe de publicité et de spécialité des hypothèques. Système des prénotations ou oppositions conservatoires.*

Ainsi que nous venons de le voir dans la section précédente : La propriété et les droits réels n'existent à l'égard des tiers que par le fait de l'inscription. C'est là, la formule du principe de publicité. Tous droits réels doivent être inscrits sur le titre qui doit être constammment tenu au courant des changements qui peuvent survenir dans la consistance juridique de l'immeuble.

Cependant cette inscription ne produit pas des effets identiques dans les deux législations australienne et tunisienne. Tandis que dans l'Act Torrens les droits réels ne prennent naissance même *inter partes* que par le fait de leur inscription sur le *Registre-matrice* et le Certificat de titre, en Tunisie, au contraire, celle-ci n'est requise que pour rendre le droit opposable aux tiers, le simple consentement étant suffisant pour son existence *inter partes*.

Cette opinion était combattue par Dain qui prétendait que, en Tunisie comme en Australie, la propriété et les droits réels ne pouvaient avoir d'existence qu'après l'inscription.

Voici comment Dain s'exprime à ce sujet (1).

« Le projet primitif dont les dispositions assurément incomplètes, étaient cependant plus logiques que celles de la loi, ne laisse aucun doute sur ce point. La règle s'y trouve formulée avec une grande netteté. La loi au contraire trahit les incertitudes et les dissentiments qui se sont élevés au sein de la Commission. Tandis que l'article 342 (2) pose le principe d'une manière absolue, d'au-

---

1. *Le système Torrens*, p. 25.

2. Art. 342. Loi du 1er juillet 1885. « Tout droit réel relatif à un immeuble déjà immatriculé n'existera que par le fait et du jour de son inscription à la Conservation de la propriété foncière, sans préjudice des droits et actions réciproques des parties pour l'inexécution de leurs conventions ».

tres dispositions décident que l'inscription n'est exigée que pour la validité des actes à l'égard des tiers.

Le doute est encore accru par le maintien dans la loi de l'article 2125 du Code civil, qui est la négation même de tout le système.

L'article 252, qui reproduit textuellement l'article 2125 du code civil, dispose que : « Ceux qui n'ont sur l'immeuble qu'un droit suspendu par une condition, ou résoluble dans certains cas, ou sujet à rescision, ne peuvent consentir qu'une hypothèque soumise aux mêmes conditions ou à la même rescision ».

Or, le principal effet de l'un des avantages essentiels du système de publicité est de mettre à l'abri des causes de rescision ou de résolution, non révélées par le titre, les tiers de bonne foi qui ont contracté avec la personne désignée sur le registre comme propriétaire. En édictant la règle précitée en termes aussi absolus, la loi paraît bien avoir méconnu le principe.

Malgré ces contradictions, je (c'est Dain qui parle) n'hésite pas à penser que la théorie de l'acquisition des droits réels par la seule inscription a prévalu dans la loi tunisienne. Cette interprétation résulte des discussions engagées au sein de la Commission et surtout de la consécration formelle des deux principales conséquences du système australien :

1° Application rigoureuse du principe de publicité à tous les actes jusque-là affranchis de la formalité de l'inscription ;

2₀ Extension du principe de spécialité à toutes les hypothèques générales admises par la loi française ».

Quoi qu'il en soit et malgré l'autorité de Dain, nous
n'hésitons pas à notre tour à affirmer qu'il s'est trompé et
que l'inscription des droits réels n'est indispensable qu'à
l'égard des tiers. N'oublions pas en effet que Dain écrivait
en 1885. Or, depuis cette époque, deux articles de la loi
tunisienne ont été modifiés qui sont formels à cet égard
et ne laissent plus subsister aucun doute. Nous voulons
parler des articles 16 et 342 ainsi conçus :

Nouvel article 16 : « L'existence d'un droit réel résultera, à l'égard des tiers, de son inscription ; l'annulation
de cette dernière ne pourra en aucun cas être opposée
aux tiers de bonne foi ».

Nouvel article 342 : « Tout droit relatif à un immeuble
déjà immatriculé n'existera, à l'égard des tiers, que par
le fait et du jour de son inscription sur le titre par le
Conservateur de la propriété foncière, sans préjudice des
droits et actions réciproques des parties pour l'inexécution de leurs conventions ».

Le principe de la loi hypothécaire française de 1855 l'a
donc emporté à ce point de vue sur le principe de l'acte
Torrens.

Mais si les effets de l'inscription sont restreints, le principe est absolu et doit s'étendre à tous les droits réels
pris au sens le plus large du mot. De ce côté, nous nous
éloignons du Code civil pour nous rapprocher de la loi
australienne. Nous voulons dire par là, que l'article 342

entend par tout droit réel : toutes mutations par succession, *ab intestat*, ou testamentaires, comme toutes mutations entre vifs. Cette extension du principe de publicité a nécessité par suite la disparition de toutes les exceptions au principe de publicité admises par la loi du 23 mars 1855.

C'est là, la raison pour laquelle nous avons vu tout à l'heure que la loi tunisienne avait aboli en principe les privilèges (1) et toutes les hypothèques occultes et générales, pour adopter la règle de la spécialité des hypothèques.

Le principe de publicité commandait en outre de faire connaître aux tiers les actions tendant à faire prononcer l'annulation ou la modification des droits réels immobiliers. Dans ce but la loi organise un système d'inscriptions sur le titre, dites « oppositions conservatoires » calqué sur le système allemand de prénotation (2).

1. Nous disons en principe, car, en ce qui concerne les privilèges, il y a quelques exceptions que nous avons eu l'occasion de signaler.

2. Système de prénotation de la loi allemande de 1872. — Le « Grund buch » allemand a une force probante absolue et cette force probante peut dans certains cas léser les droits des tiers.

Exemple : Le vendeur d'immeuble qui intente une action en revendication contre son acheteur. Celui-ci, ayant fait inscrire son droit, est considéré comme propriétaire irrévocable, il peut donc alliéner l'immeuble à titre onéreux au profit d'un tiers de bonne foi avant que le Tribunal ait statué sur la demande en revendication. Cette demande en revendication étant ensuite admise, le vendeur, tenu de respecter

Toute demande tendant à faire prononcer l'annulation de la notification de droits réels immobiliers pourra être mentionnée sommairement sur le titre avant d'être portée devant le Tribunal.

Cette mention sauvegarde le droit de l'opposant, ne gêne nullement celui du propriétaire, avertit les tiers.

Cependant pour ne pas surcharger inutilement le titre d'oppositions sans fondement, les requérants devront solliciter l'autorisation du président du Tribunal (Loi du 15 Mars 1892), qui, si l'opposition lui semble fondée délivera un permis d'inscription (Article 53).

Si la demande n'a pas été inscrite, le jugement n'aura

l'aliénation faite par son acheteur n'aura qu'un recours personnel, peut-être illusoire contre lui.

Pour atténuer ce danger, la loi de 1872 permet au revendiquant de réserver ses droits au moyen d'une « prénotation » (« vormerkung ») prise sur le « Grund buch ». Cette prénotation empêche toutes les aliénations ou constitutions de droits réels faites postérieurement d'être opposables à celui qui l'a requise.

Elle ne gêne pas le propriétaire puisque son droit, une fois bien établi, elle disparaît et est censée n'avoir jamais existé ; d'autre part, elle protège suffisamment le revendiquant puisque, s'il est fait droit à sa demande, toutes les aliénations et constitutions de droits réels, même faites au profit de tiers de bonne foi et à titre onéreux, après l'inscription de la prénotation ne lui sont pas opposables.

Les droits des tiers, enfin, sont sauvegardés, car l'examen du livre foncier leur permet de connaître le risque d'éviction qui les menace s'ils traitent avec le propriétaire avant le jugement.

d'effet, vis-à-vis des tiers, qu'à dater du jour de son inscription (Article 54).

En ce qui concerne la réquisition d'inscription, voir les articles 357-361 modifiés par les lois de 1886, 1888, 1892 et 1893.

L'inscription n'étant pas nécessaire pour le transfert du droit entre les parties, celles-ci peuvent se dispenser de la requérir soit par négligence, soit pour éviter les frais.

Organisation de la publicité hypothécaire.

La loi tunisienne ne se borne pas seulement à modifier, dans un sens favorable au crédit, les principes essentiels de la publicité hypothécaire, tels qu'ils sont appliqués dans la loi de 1855, elle en a transformé l'organisation pratique.

Les actes soumis à la publicité ne sont plus reproduits intégralement sur les registres fonciers ; on se borne à inscrire leurs dispositions essentielles sur le titre et sur la copie du titre ; mais, pour permettre de vérifier l'exactitude des inscriptions et de rechercher toutes les transactions dont un immeuble a été l'objet, la loi exige que tous les actes soumis à la condition de publicité soient déposés à la Conservation ; chaque immeuble a son dossier que l'on peut consulter quand on veut connaître avec précision s condition juridique.

L'inscription est perpétuelle et dispensée de tout renouvellement (Contrà art. 2154 Code civil).

SECTION III. — *Responsabilité du Conservateur de la propriété foncière.*

Si le Conservateur a des pouvoirs assez étendus, il est naturel qu'il ait aussi quelques responsabilités. Aussi la loi le rend-elle responsable de tout préjudice causé par suite d'erreurs provenant de son propre fait. Telles sont: l'omission sur les registres des inscriptions requises en ses bureaux, l'omission sur les copies des inscriptions portées sur le titre, sauf l'hypothèse prévue à l'article 375, le défaut de mention sur les titres de propriété des inscriptions affectant directement la propriété ou l'enzel (Art. 377).

Ces erreurs ne devant pas préjudicier aux tiers qui ont contracté sur la foi du titre ou de la copie du titre qui leur était présentée, l'immeuble à l'égard duquel le Conservateur aurait commis quelqu'une de ces erreurs d'inscription soit dans les copies du titre de propriété soit dans le titre de propriété conserve à leur égard sa condition juridique telle qu'elle est établie par le titre ou par la copie qu'ils ont eu sous les yeux. Le requérant lésé a seulement un recours en dommages-intérêts contre le Conservateur si l'erreur lui est imputable.

La force probante attachée à la copie et au titre exigeait cette solution. C'est aux requérants à s'assurer que le Conservateur a bien établi l'inscription.

Les mêmes règles sont applicables encore en ce qui concerne les erreurs commises par le Conservateur sur les certificats d'inscriptions délivrés aux détenteurs de droits réels, autres que les droits de propriété et d'enzel, à l'exemple des mémorandums délivrés par le *Registrar General* en Australie, lorsqu'un tiers traite avec un de ces détenteurs de droits réels sur la foi d'un certificat ainsi erroné.

Ces règles sont une conséquence indispensable du principe de légalité admis par la législation tunisienne.

Néanmoins ces dispositions ne préjudicient pas aux droits des créanciers hypothécaires de se faire colloquer, suivant l'ordre qui leur appartient, tant que le prix n'a pas été payé par l'acquéreur ou tant que l'ordre ouvert entre les créanciers n'est pas devenu définitif (Art. 378. Art. 2198 Code civil), c'est-à-dire que le droit de suite est perdu, mais que le droit de préférence est conservé tant que le prix n'a pas été payé et l'ordre réglé définitivement.

CHAPITRE II

Mobilisation du sol et du crédit foncier.

I. — *Conformité du titre et des copies.* — La mobilisation de la propriété est assurée par le même procédé que dans l'Act Torrens. Chaque propriétaire se fait délivrer une copie du titre déposé chez le Conservateur.

Nous avons vu que plusieurs copies d'un même titre peuvent être délivrées par le Conservateur à différentes personnes, mais seulement dans des cas spéciaux désignés limitativement par les articles 51 et 52. Ces personnes, autres que le propriétaire, qui peuvent recevoir une copie du titre sont : l'enzéliste, le ou les co-propriétaires et le ou les co-enzélistes. Les titulaires des droits réels, autres que la propriété ou l'enzel, n'auront droit qu'à la délivrance de certificats d'inscription analogues quant à leur forme et leurs effets aux mémorandums de l'Act Torrens.

En principe, aucune mention ne peut être portée sur le titre sans être également portée sur la copie (1) ; le

1. Nous employons le singulier en parlant de la copie du titre de propriété car il n'y en a généralement qu'une, mais nous savons

titre consigné sur le registre de la Conservation est toujours la représentation de la situation de l'immeuble, et la copie qui le reproduit textuellement se trouve entre les mains du propriétaire de l'immeuble. Les mutations sont effectuées par une simple inscription sur le titre et sur sa copie.

Cette concordance constante entre le titre et la copie est indispensable pour permettre aux tiers, qui traitent sur la foi de leur contenu, de le faire en toute sécurité. Aussi, la loi ordonne-t-elle au Conservateur de faire les deux inscriptions simultanément (Art. 373).

Il peut arriver, cependant, que les porteurs des copies refusent de produire leurs copies.

Dans ce cas si la formalité réclamée du Conservateur suppose le consentement des porteurs de copies, celui-ci ne procédera pas à l'inscription, car le refus des porteurs implique qu'ils ne consentent plus à la formalité.

Si ce consentement n'est pas nécessaire pour la perfection du contrat, le Conservateur porte l'inscription sur le titre, la notifie aux porteurs de copies et, jusqu'à ce que la concordance entre le titre et les copies ait été établie, il refusera toute nouvelle inscription prise de leur consentement. (Art. 375).

En cas de perte d'une copie, il faut un jugement pour s'en faire délivrer une autre (Art. 376).

qu'il y a des cas où plusieurs copies peuvent être délivrées. Les règles sont identiques pour toutes les copies.

La loi, très circonspecte sur ce point, a voulu éviter le retour du régime des « outikas » dont nous avons signalé les inconvénients.

Dans la pratique, avant de contracter sur le vu d'une copie, il résulte de ce que nous venons de dire qu'il est prudent d'en faire certifier par le Conservateur la concordance avec le titre lui-même.

Chaque mutation en principe donne droit à la délivrance d'un nouveau titre en remplacement de l'ancien. Si dans la pratique, l'ancien titre est souvent conservé, ses effets n'en sont pas moins nouveaux.

Nous ne reviendrons pas sur cette question que nous avons eu l'occasion de discuter longuement dans notre première partie.

II. — *Prêt sur titre.* — Un certain nombre d'auteurs, même parmi les plus autorisés, ont prétendu et prétendent encore aujourd'hui que le prêt sur titres immatriculés est employé en Tunisie. Or, il résulte d'une enquête faite sur les lieux mêmes que cet usage n'existe pas, tout au moins d'une façon courante. Quelles garanties, en effet, peut offrir pour le créancier le dépôt du titre de propriété immatriculée de son débiteur. Nous avons vu que si, il doit y avoir conformité absolue, en principe, entre la copie et le registre foncier, en fait, il peut arriver et il arrive quelquefois que cette conformité n'existe pas. Qu'un propriétaire soit déclaré en faillite, qu'un commandement à fin d'inscription soit présenté au Conservateur, celui-ci va inscrire sur le registre foncier des droits réels qui ne seront pas toujours reproduits sur la copie, si celle-ci n'est pas présentée, par exemple. Le créancier-gagiste peut s'assurer dit-on, au moment du dépôt de la copie du titre en gage, de la conformité de cette copie avec le registre foncier et pour l'avenir faire opposition entre les mains du Conservateur. C'est possible, et ce serait une grande garantie, mais une garantie qui n'aurait rien d'absolu, car, malgré l'opposition, si on présente au Conservateur un commandement, il inscrira le droit réel sur le registre, séance tenante, sans qu'il lui soit possible de prévenir le créancier gagiste en temps utile.

Ainsi, l'usage du prêt sur titres immatriculés n'existe pas en Tunisie.

Le débiteur propriétaire qui veut emprunter, a recours à l'hypothèque.

Cela lui est du reste facile, puisque aucune formalité n'est nécessaire pour constituer une hypothèque.

III. — *Cession des créances hypothécaires par voie d'endossement.* — On admet en Tunisie que les créances hypothécaires pourront être revêtues de la clause à ordre et transmises par voie d'endossement. Cette solution n'est pas consacrée par un texte précis ; il est même possible qu'elle ne soit pas entrée dans les prévisions du législateur tunisien ; mais elle résulte implicitement des règles de la loi combinées avec celles de notre droit civil, surtout étant donné cette disposition que le contrat d'hypothèque peut être rédigé en la forme sous seing-privé.

La jurisprudence, en effet, admet que l'hypothèque peut être cédée par voie d'endossement en même temps que la créance dont elle dépend. C'est ainsi qu'une lettre de change, rédigée en la forme authentique, sera cédée par la clause à ordre avec les sûretés réelles qui la garantissent. Ce procédé aujourd'hui entré dans la pratique, avait paru pendant longtemps réservé aux seules créances commerciales. Mais la Cour de Cassation a décidé récemment que la clause à ordre n'était pas un mode de cession propre aux seules valeurs commerciales. Une créance civile peut être endossée et régulièrement transmise sans qu'on ait besoin de se soumettre aux significations prescrites par l'article 1690 du Code civil. Cette jurisprudence sous l'empire même du Code civil, facilite déjà la circulation des titres hypothécaires ; elle en prépare la mobilisation. Il suffit aujourd'hui de rédiger en brevet la créance hypothécaire, de la revêtir de la clause à ordre pour créer un titre rapidement négociable. (Cassat. 7 mai 1879).

La loi tunisienne se prête ainsi à une combinaison qui, il est vrai, résulte des principes généraux mais n'est pas consacrée par un texte formel. Or, la Cour suprême peut changer d'avis ; il eut mieux valu ici, peut-être, s'en tenir à l'Act Torrens quant au transfert des créances hypothécaires, ou aller jusqu'aux conséquences logiques du système en rendant l'hypothèque indépendante de la créance qu'elle garantit en lui donnant une vie propre comme cela se pratique en Prusse.

Il reste à savoir si chaque endossement, comme dans l'Act Torrens et à la différence de notre législation, sera soumis à la formalité de l'inscription. L'obscurité de la loi sur la théorie de l'inscription pourrait laisser un doute dans l'esprit ; cependant, en présence des termes absolus de l'article 243, nous pensons que cette formalité devra être exigée (toujours bien entendu en ce qui concerne les effets vis-à-vis des tiers et non inter partes). Toutefois, le même texte ordonnant le dépôt en double de tous les actes inscrits, on se demande comment cette prescription pourra être exécutée lorsqu'il s'agira de cessions d'hypothèques par voie d'endossement. Cette disposition paralyse la circulation des titres hypothécaires.

CHAPITRE III

Aperçu général de la loi foncière tunisienne.

Ainsi, les quatre règles fondamentales de l'Act Torrens : principe de publicité, principe de légalité, mobilisation du sol, mobilisation du crédit foncier, se retrouvent dans le régime foncier de la Régence de Tunis et, si quelques divergences ont été introduites, elles étaient nécessitées soit par le désir de ne pas rompre entièrement avec les habitudes des indigènes, soit surtout par le besoin que le législateur avait de concilier autant que possible la nouvelle loi avec le Code civil.

D'après ce que nous avons dit et ce qui résulte des textes, la situation du propriétaire tunisien est très nette.

Si son immeuble n'est pas immatriculé, il a tout intérêt à requérir cette immatriculation, nous connaissons la marche qu'il doit suivre pour cela.

Une fois l'immeuble immatriculé et purgé, c'est-à-dire grevé des seuls droits réels inscrits sur le titre et la copie du titre remis au propriétaire, celui-ci, avec cette copie du titre dans sa poche, va faire de son immeuble ce que bon lui semble.

S'il a besoin d'argent, il empruntera la somme en hypothéquant son immeuble. Le créancier hypothécaire saura quelle est exactement la valeur de l'immeuble puisque, sur le simple vu du titre ou de sa copie, il connaîtra l'histoire juridique de l'immeuble et les droits réels qui le grevaient auparavant. C'est déjà une première raison pour être moins exigeant dans la fixation du taux de l'intérêt, puisqu'il sait d'avance quels sont les risques qu'il peut courir, il n'y a pas d'aléa. De plus, le créancier hypothécaire ne se voit pas privé de son capital sans recours possible pendant un certain temps qui peut être assez long, puisqu'il pourra toujours rentrer dans son argent s'il en a besoin, en endossant la créance hypothécaire à l'ordre d'un autre capitaliste qui se trouvera facilement et ne se montrera pas davantage bien exigeant pour les mêmes raisons.

Le propriétaire veut-il vendre, rien ne lui est plus facile, il transmet à l'acquéreur sa copie du titre de propriété, celui-ci, par mesure de précaution, va voir à la Conservation de la propriété foncière si le titre est semblable à la copie et il est alors assuré qu'aucun droit réel, autre que ceux inscrits, ne grève l'immeuble, il peut donc apprécier exactement la valeur de cet immeuble, il est en outre assuré que personne ne viendra lui revendiquer l'immeuble, puisque celui qui possède la copie du titre et qui est inscrit sur le registre des titres comme propriétaire, est irrévocablement à l'égard des tiers capable d'aliéner valablement l'immeuble. Ne courant aucun risque, l'acquéreur peut payer l'immeuble **un prix fort**.

En résumé, le propriétaire d'un immeuble immatriculé se trouve être dans la même situation juridique que, chez nous, en droit français, le commerçant qui a déposé des marchandises dans un magasin général. Celui-ci a un récépissé qui constate son titre de propriétaire et lui permet de vendre ses marchandises sur simple remise du récépissé, de même que l'acquéreur muni de son récépissé peut revendre à nouveau lesdites marchandises en endossant le récépissé au profit d'un second acquéreur, etc... Le commerçant a encore un warrant constatant le dépôt et sa valeur et lui permettant d'emprunter de l'argent en donnant en gage le warrant. Celui-ci peut se transmettre de main en main avec une simple mention à l'ordre du nouveau créancier, comme une lettre de change.

Le propriétaire d'un immeuble immatriculé en Tunisie a aussi un récépissé, c'est la copie de son titre de propriété, il a aussi un warrant le jour où il hypothèque son immeuble, car le certificat d'inscription constatant la créance hypothécaire circule dans les mêmes conditions que le warrant.

APPENDICE I. — *Modifications particulières apportées à la loi de 1885. — Décrets et lois des 15 et 16 mars 1892. — Quelques mots de statistique.*

Un décret du 14 Juin 1886 devait régler le service intérieur de la Conservation de la propriété foncière. Les

dispositions fondamentales concernant la partie matérielle du service, le cautionnement, le mode de rémuné-
ration du Conservateur, ont été, pour la plupart, empruntées
aux lois françaises dont les principes sont consacrés
par une pratique presque séculaire.

Le gouvernement tunisien a entendu laisser aux propriétaires la plus entière liberté en ce qui concerne l'immatriculation des immeubles. Afin de ne pas entraver
cette liberté et bien qu'il doive en résulter pour le Trésor une charge appréciable, le décret du 14 juin 1886
pose en principe que toute les formalités relatives à l'immatriculation seront exemptes de tout nouvel impôt. Tous
les actes et registres expressément exigés par la loi, jus-
ques et y compris le titre de propriété, sont exemptés
même du droit de timbre.

On a pensé que l'immatriculation servait assez l'intérêt
général du pays pour que l'Etat contribue à sa dépense.
La bonne assiette de la propriété, le bon ordre en
matière immobilière valent bien un sacrifice de la part du
budget. Le fisc lui-même y est intéressé puisque les immeubles immatriculés ne peuvent plus se dérober à l'impôt,
tandis que la fraude des droits du Trésor est fréquente
sous le régime musulman.

On alla plus loin et l'on décida par la suite (1) que les
frais d'immatriculation seraient supportés à forfait par le
budget sauf remboursement partiel au Trésor.

1. Décret du 15 mars 1892.

Les formalités accessoires ou postérieures à l'immatriculation, comme les inscriptions des charges et des droits réels assis sur les immeubles, tombent sous l'application du principe qui assujettit au droit de timbre tout document susceptible de faire titre devant un Tribunal ; elles seront en outre soumises à un droit d'inscription, mais celui-ci est calculé à un taux minime et ne constitue pas une charge pour la propriété foncière.

Un certain nombre de décrets portant les dates du 21 Avril, 22 Avril, 1er Mai, 14 Juin, 3 Juillet 1886, ont pour but de régler l'organisation du service topographique dans ses moindres détails ; Le Gouvernement attachait une grande importance à ce point, car il se flattait de faire dresser ainsi au fur et à mesure le cadastre par les particuliers et sans frais pour l'Etat.

Le Gouvernement voulait que, grâce à l'immatriculation, on déterminât exactement l'état matériel des immeubles, leur contenance, leurs limites ; qu'il soit dressé avec toutes les garanties possible d'exactitude, un plan constamment tenu au courant des modifications apportées dans l'étendue des propriétés par les transactions particulières, lesquels plans doivent tous être ramenés à une même échelle afin de pouvoir établir par la suite un état parcellaire de toutes les propriétés immatriculées analogue au plan cadastral en France.

Les décrets cités plus haut furent modifiés dans la suite par de nouveaux décrets tels que ceux des 15 et 31 décembre 1888, 3 juin 1891, 16 mars 1892.

Lois et décrets des 15 et 16 mars 1892. En dehors des modifications à la loi de 1885 que nous avons eu l'occasion de signaler dans le courant de cette étude, il nous en reste quelques-unes à étudier qui n'ont pas encore trouvé place dans notre développement. Nous voulons parler des lois et décrets des 15 et 16 mars 1892.

En présence des avantages de la loi de 1885, on devait espérer que les propriétaires européens, et surtout les nouveaux acquéreurs ne manqueraient pas de recourir à la formalité facultative mise à leur disposition. Cependant dès 1887, presque un an après la mise en vigueur de la loi, il devenait évident que l'application du nouveau régime, si heureusement combiné en principe, rencontrait dans la pratique des difficultés sérieuses, 29 immatriculations seulement correspondant à une superficie de 15000 hectares, avaient été demandées, et les seules propriétés françaises représentaient déjà une contenance au moins décuple.

La Commission spéciale de législation foncière qui avait élaboré la loi de 1885 reçut mission de rechercher les causes de cette situation et d'en indiquer les remèdes.

Elle reconnut que l'obstacle principal au développement du nouveau régime provenait de deux causes :

La première était l'élévation trop grande des frais occasionnés par la procédure d'immatriculation, et dont la consignation était imposée au requérant.

La seconde était la conséquence d'une disposition du décret du 14 juin 1886 chargeant le Conservateur de la propriété foncière de s'assurer, avant de recevoir le dépôt de la réquisition, que les titres produits ont acquitté es droits exigibles en vertu des règlements antérieurs et d'exiger, s'il y échet, la régularisation de ceux qui présenteraient des contraventions. Or, la plupart des immeubles étaient l'objet de mutation par acte sous seing privé et ne payaient pas l'impôt de mutation qui était de 7.25 0/0 de la valeur vénale de l'immeuble. Il s'ensuivait de ce chef des frais quelquefois énormes et hors de toute prévision raisonnable.

De pareilles exigences étaient de nature à faire reculer les propriétaires les plus sensibles aux avantages de l'immatriculation.

Le Gouvernement, alors, décida que le droit dû sur la dernière mutation serait seul réclamé au propriétaire avant l'immatriculation; on apporta en même temps quelques modifications de détail à divers articles de la loi, abrégeant d'un mois les délais de procédure et réduisant un peu les charges du propriétaire.

Ces dispositions provoquèrent un léger mouvement de reprise, 35 réquisitions, comprenant près de 20.000 hectares furent déposées dans une année. Cette progression ne se maintint malheureusement pas.

Au 31 décembre 1891, c'est-à-dire 5 ans 1/2 après la mise en vigueur de la loi, on ne comptait que 195 propriétés comprenant 96.000 hectares immatriculés ou en instance de l'être.

Un arrêté résidentiel en date du 18 novembre 1890,

pris en conformité des instructions du Gouvernement de la République, constitua la Commission dite des frais de justice (1) et il lui remit le soin de rechercher les mesures propres à developper l'application de la loi foncière.

Ce sont justement les décisions prises par cette Commission qui ont fait l'objet des décrets des 15 et 16 mars 1892.

En voici la substance :

Les titres arabes très longs ne seraient plus traduits in-extenso, sauf celui donnant la description de l'immeuble, c'est là un dégrévement moyen de 50 0/0 sur le coût des traductions.

Les écritures et les démarches seront également réduites.

Les formalités de l'immatriculation seront diminuées. Pour le bornage provisoire, l'assistance facultative et aux frais du propriétaire du caïd sera remplacée par l'assistance obligatoire et gratuite du cheikh.

1 Cette Commission comprenait le Résident Général (Massicault), le Consul de France, (Regnault), le Président du Tribunal de Tunis, le Procureur de la République à Tunis, le Vice-Président du Tribunal de Tunis, le Président du Tribunal mixte, le secrétaire général du Gouvernement tunisien, le Directeur du Service des renseignements et contrôles civils, le Conservateur de la propriété foncière, le Chef de Service topographique, le Président de la Chambre de Commerce de Tunis, le Bâtonnier de l'Ordre des Avocats, un ancien avoué, le syndic des Avocats défenseurs, un juge au tribunal de Tunis, le Chef pu Cabinet du Résident Général.

Nous ne revenons pas sur ce que nous avons eu l'occasion de dire plus haut au sujet des frais d'immatriculation supportés à forfait par le budget. Ce sera une diminution de 75 0/0 pour les petites propriétés et d'au moins 50 0/0 pour les autres.

Les droits de mutation seront réduits.

De plus, et c'était là surtout le point important, le Conservateur ne percevra plus aucun impôt, et il appartiendra à l'Administration des Finances d'effectuer par ses moyens propres le recouvrement de droits sur les immeubles immatriculés ou non.

Enfin une dernière disposition fut introduite dans le régime foncier concernant les ventes judiciaires.

Les tribunaux français, dont la compétence en matière immobilière n'était pas encore très nettement définie, avaient été conduits, afin d'assurer l'exécution de leurs jugements, à pratiquer la saisie immobilière sur des immeubles non immatriculés. Or, ces immeubles soumis au régime musulman, n'offrent aucune sécurité : leurs limites, leur contenance et leur identité sont le plus souvent douteuses.

D'autre part, le Code de Procédure Civile n'est pas toujours d'une application possible dans la Régence. Nous avons vu notamment que les immeubles non immatriculés ne sont soumis à aucun système de publicité analogue à notre système d'inscription et de transcription ; l'adjudication n'est jamais définitive, le droit hypothécaire des créanciers et plus généralement de tout ayant-cause du saisi n'est pas épuisé, puisqu'ils n'ont jamais été mis en demeure de se faire connaître ; donc lorsqu'on achète à la barre des tribunaux français un immeuble non immatriculé, on ne peut jamais être sûr qu'il n'existe pas sur l'immeuble en question des droits non révélés qui pourraient modifier le sort de l'adjudication ; en un mot, la purge n'est pas opérée.

En leur appliquant purement et simplement la procédure française, qui n'a pas prévu cette insécurité, on commettait une grosse erreur.

Aussi, aucun individu ne voulait-il se risquer à devenir adjudicataire d'un immeuble vendu dans ces conditions à la barre du tribunal français. Et c'était un inconvénient grave, car les capitaux de colonisation pouvaient trouver des occasions de placement excellent.

La Commission, justement émue et préoccupée de cet état de choses si plein de dangers, s'est efforcée de remédier à ces inconvénients. L'adjudicataire a paru de toutes les parties en cause le plus intéressant. Le décret du 16 Mars 1892 vise deux situations différentes : l'immatriculation préalable à l'adjudication et l'immatriculation postérieure à l'adjudication.

Dans le premier cas, l'immatriculation pourra être requise, savoir : en matière de saisie, par le créancier poursuivant ; en matière de licitation par l'un des colicitants ; pour les biens des mineurs, par les tuteurs ou subrogés-tuteurs avec l'autorisation du conseil de famille. Mais à défaut, le Tribunal pourra d'office, subordonner la vente à l'immatriculation préalable, si le titre ne lui a pas été produit ou s'il apprécie que le titre produit n'est pas suffisant. En matière de saisie, l'immatriculation est demandée par le poursuivant ou son défenseur, qui doit déposer la copie, certifiée conforme par le défenseur, du commandement à fin de saisie, ainsi que tous les titres ou documents quelconques qui pourraient se trouver entre ses mains. Le dépôt de ces pièces aura pour effet d'immobiliser les fruits naturels, industriels et civils pour être distribués avec le prix de l'immeuble par ordre d'hypothèques. En matière de licitation, et pour les ventes de biens de mineurs, la réquisition d'immatriculation sera dressée au nom des ayants-droit et il sera procédé conformément aux dispositions générales de la loi foncière. L'adjudication n'aura lieu que lorsque l'immatriculation aura été accomplie et le titre de propriété sera délivré à l'adjudicataire après que la mutation de propriété aura été régulièrement effectuée.

Dans le second cas, l'immeuble a-t-il été adjugé sans que l'immatriculation ait été demandée ou ordonnée, l'adjudicataire a la faculté de subordonner l'exécution des conditions du cahier des charges à l'accomplissement de cette formalité. Dans les 15 jours de l'adjudication, il dépose son prix à sa caisse des dépôts et consignations, il paye les frais ordinaires de poursuite et dans la quinzaine suivante il fait la demande. Le décret de 1892 n'indique pas si la demande en immatriculation doit être faite au nom du saisi ; il semble même résulter du texte de ce décret que, à la différence des réquisitions déposées dans le cas de l'immatriculation préalable, celles qui font l'objet du chapitre II relatif à l'immatriculation postérieure doivent être établies au nom de l'adjudicataire. Cependant, puisque l'immatriculation prévue en l'espèce a pour objet de faire reconnaître et consacrer définitivement dans la personne de l'adjudicataire la translation de propriété réalisée par l'adjudication et, conséquemment, de donner ouverture ou de faire appel à tous les droits qui pourraient modifier le sort de cette adjudication, ne faut-il pas admettre que la demande en immatriculation doive être établie au nom du saisi, pour que tous les tiers qui avaient acquis des droits sur l'immeuble du chef du saisi, puissent être mis en demeure de se faire connaître et de les exercer, s'il y a lieu. Si la consistance matérielle et l'état juridique de l'immeuble déterminés par l'immatriculation sont conformes aux conditions du cahier des charges, le prix de l'immeuble sera distribué et la mutation de propriété sera faite au nom de l'adjudicataire. Mais s'il est établi que l'état de l'immeuble et sa condition juridique ne sont pas tels qu'ils ont été définis par le cachier des charges ; et même, si la différence de valeur est égale à un tiers de la valeur vénale, il aura la faculté de demander la nullité de l'adjudication.

Les frais d'immatriculation sont, en tous cas, supportés par celui qui dépose la demande, sauf convention contraire quelle que soit d'ailleurs l'étendue de son droit sur l'immeuble.

Ainsi seront garantis les divers intérêts engagés dans

me vente judiciaire : l'adjudicataire échappera aux risques
nhérents à l'ancien régime ; le créancier poursuivant, s'il
ecourt à l'immatriculation, augmentera la valeur de son
gage et en recouvrera le prix sans retard ; les tiers seront
appelés à se défendre ; le saisi tirera de son immeuble un
meilleur prix.

Statistique. — L'économie produite par ces différentes
mesures s'est immédiatement traduite par une augmen-
ation de demandes.

Nous allons donner ci-dessous quelques chiffres em-
pruntés aux rapports annuels adressés au Président de
a République Française par le Ministre des Affaires Etrangères sur la situation foncière de la Régence.

Du 15 juillet 1886 (date de la mise en vigueur de la
oi de 1885) au 21 mars 1892 (date de l'application du
nouveau régime) 196 immeubles, représentant 64.000
ectares, furent immatriculés. Cela nous donne une
moyenne de 32 demandes par an.

Du 21 mars 1892 au 31 décembre de la même année.
92 demandes d'immatriculation, représentant une super-
cie de 80.000 hectares, furent enregistrées. Cela nous
donne une moyenne de 30 demandes par mois.

La comparaison de ces chiffres se passe de commen-
aires.

Voici à titre de renseignements les tableaux statisti-
ues que nous avons pu nous procurer jusqu'au 1er avril
900.

Ces états statistiques font ressortir le développement

croissant de l'immatriculation et la faveur dont jouit auprès du public le service foncier organisé par décret beylical du 1er juillet 1885 et modifié par décrets des 15 et 16 mars 1892.

STATISTIQUE DE L'IMMATRICULATION FONCIERE

TITRES DÉLIVRÉS PAR ANNÉE

TITRES DÉLIVRÉS PAR ANNÉE

Années	Nombre total	Titres provenant de mutations	Titres délivrés à la suite de jugements d'immatriculation			Observation[...]
			Nombre	Contenance définitive	Valeur définitive	
				H. A. C.	Fr.	
1886	»	»	»	»	»	
1887	7	»	7	1.856 92 91	226.140	
1888	37	17	20	7.277 55 39	1.246.845	
1889	48	19	29	11.334 71 60	954.234	
1890	66	15	51	18.071 01 83	966 915	
1891	57	13	44	10.032 52 94	924.487	
1892	49	15	34	6.811 00 90	1.440.576	
1893	231	34	200	35.957 66 00	3.516.803	
1894	347	81	266	13.786 77 43	5.592.561	
1895	512	152	360	38.085 22 00	6.061.374	
1896	587	234	353	28.397 38 00	12.198.359	
1897	871	237	634	33.752 23 00	12.187.878	
1898	923	255	668	13.517 87 15	15.166.773	
1899	714	336	378	25.003 99 95	8.734.006	
1900	281	114	167	3.040 97 34	2.956.464	(1ᵉʳ trim. seule[...]
1901						
1902						
1903						
1904						
1905						
1906						
1907						
1908						
1909						
1910						
1911						
1912						
1913						
1914						
1915						
Totaux	4452	1408	3044	343.883 90 10	69.216.951	

Tunis, le 1ᵉʳ mai 1900

L'Ingénieur, Chef du Service Topographi[...]

RÉQUISITIONS DÉPOSÉES PAR ANNÉE

Années	Nombre	Contenance déclarée	Valeur déclarée	Observations
1886	23	13.432 h.	1.373.280 fr.	
1887	15	4.862	414.257	
1888	33	24.735	1.090.417	
1889	41	10.515	915.339	
1890	45	38.107	1.710.997	
1891	34	6.955	1.022.727	
1892	293	88.515	7.676.605	
1893	467	252.056	13.198.059	
1894	501	38.799	10.334.640	
1895	571	157.868	13.209.934	
1896	621	43.674	10.089.497	
1897	568	21.332	12.438.849	
1898	666	28.810	9.674.701	
1899	714	62.531	8.566.761	
1900	166	4.787	1.854.731	(1er trim. seulement)
1901				
1902				
1903				
1904				
1905				
1906				
1907				
1908				
1909				
1910				
1911				
1912				
1913				
1914				
1915				
Totaux	4595	792.191 h.	91.716.063 fr.	

Tunis, le 1er mai 1900

L'Ingénieur, Chef du Service Topographique

Appendice II. — *Decret du 16 juillet* 1899.

Avant de terminer cette étude de la législation foncière tunisienne il nous reste une dernière question à étudier, qui nécessita tout dernièrement (juillet 1899) l'institution d'un décret pour trancher les nombreuses controverses auxquelles elle avait donné lieu.

La question se pose ainsi :

Le Tribunal mixte, lorsqu'il prononce l'immatriculation d'un immeuble, doit-il tenir compte de toutes les modifications survenues dans l'état de l'immeuble pendant le cours de l'instance ?

Doit-il au contraire se placer au jour de la réquisition pour déterminer l'état et la consistance de l'immeuble ?

Il est facile d'apprécier l'importance de cette question :

Si le Tribunal se place au jour de son jugement, il doit tenir compte de toutes les modifications survenues dans l'état de l'immeuble pendant le cours de l'instance ; par exemple, il prononce l'immatriculation non pas au nom du requérant qui a vendu, je le suppose, mais au nom du tiers acquéreur ; par exemple encore, il ordonne l'inscription d'un droit réel né postérieurement à la réquisition et consenti soit par le requérant, soit par un tiers acquéreur.

Au contraire, s'il se place au jour de la réquisition, i

n'a à statuer sur aucune des mutations ou constitutions de droits réels postérieures à cette date.

Jusqu'au 22 mars 1899, le Tribunal mixte avait paru admettre la première solution et il se plaçait au jour du jugement pour définir l'état de l'immeuble, mais à cette date, il a répudié nettement cette doctrine dans un jugement qui consacre le deuxième système.

Dans les termes les plus formels le Tribunal mixte déclara qu'il définissait la consistance matérielle et l'état juridique de l'immeuble *à la date de la réquisition*, et s'il donna acte des dépôts des diverses requêtes successivement effectuées au greffe pendant l'instance, il prit soin de déclarer qu'il ne statuait pas sur ces actes « en tant qu'ils se référaient à des modifications survenues dans l'état de l'immeuble postérieurement à la réquisition sur laquelle seule il était présentement statué » et il renvoya purement et simplement toutes parties intéressées « à se pourvoir quant à ce, aux formes de droit ».

Tels sont les deux systèmes en présence.

La jurisprudence antérieure à 1899 qui consacre le premier système nous paraît s'être formée sous l'empire d'une préoccupation dominante :

Les jugements du Tribunal mixte aboutissent tous à l'établissement d'un titre dressé par le Conservateur de la propriété foncière, aux termes de la loi, ce titre est établi sur l'expédition conforme de la décision du Tribunal (art. 42 § 4 loi foncière) ; il comporte. . l'inscription des droits réels immobiliers existant sur l'immeuble et des charges qui le grèvent (art. 44, al. 1) ; il forme devant les juridictions françaises le point de départ unique de la propriété et des droits réels qui l'affectent à l'exclusion de tous autres droits non inscrits (art. 2, al. 1, décret du 17 juillet 1888). Tel étant, dit-on, le caractère du titre, il faut bien que le Tribunal mixte définisse l'état de l'immeuble au jour de son jugement et plus exactement au jour de l'établissement du titre, car si le Tribunal ne prend soin de relever tous les droits réels et toutes les charges qui grèvent l'immeuble à cette époque, il sera bien impossible au Conservateur d'établir son titre comme le veut la loi.

Le Tribunal mixte a changé d'avis, et voici les raisons qu'il donne pour expliquer la nouvelle voie que suivit sa jurisprudence : Il a pensé qu'il ne pouvait rendre un jugement définissant l'état de l'immeuble au jour de l'établissement du titre car il s'écoule toujours un certain temps entre le prononcé du jugement et l'établissement du titre ; il y a d'abord les délais ordinaires de greffe pour conclure le jugement, pour en faire les expéditions nécessaires, pour l'adresser enfin, avec toutes les pièces utiles, au Conservateur ; il arrive très souvent aussi que le jugement d'immatriculation ordonne la rectification du bornage et du plan (art. 42, al. 1, loi foncière), il faut attendre alors que le service topographique ait procédé à ces rectifications, puisque le titre ne peut être établi auparavant (Art. 42, al. 5). Pendant ce temps, l'immeuble étant toujours dans le commerce, son état juridique peut se trouver complètement modifié au jour de l'établissement du titre et il est bien impossible que ces modifications trouvent place dans le jugement, puisque par hypothèse le jugement est déjà rendu.

Autre raison qui a poussé le Tribunal mixte à appliquer la deuxième solution :

C'est un principe fondamental que le Tribunal mixte statue sans appel ni recours quelconque. Dès lors, il interprète souverainement tous les titres ou contrats qui sont obligatoirement déposés (art. 23) à l'appui des réquisitions et sur lesquels il base sa décision.

En outre tous les droits réels qui étaient, ou auraient pu être prétendus sur l'immeuble et qui ne sont pas consacrés par le jugement se trouvent radicalement purgés. Tels sont les effets foudroyants que la loi fait produire à tous les jugements du Tribunal mixte.

Quand une loi attache un pareil effet à un jugement, son premier devoir est d'organiser des mesures propres à sauvegarder tous les droits.

C'est ce qu'a fait la loi foncière en soumettant chaque réquisition d'immatriculation à toute une procédure de publicité, puis au contrôle d'un juge rapporteur dont elle définit suffisamment le rôle et la mission. Cette publicité et ce contrôle lui apparurent comme autant d'organes protecteurs, formant obligatoirement cortège à toutes les demandes soumises au Tribunal mixte, et cela, en raison de la solution radicale et draconienne que donne ce Tribunal à toutes les prétentions portées devant lui. Dès lors, si on veut faire statuer le Tribunal mixte sur toutes les transactions qui interviennent postérieurement à la réquisition et qui se traduisent par des modifications dans l'état de l'immeuble, il faut qu'à chaque fois l'on recommence toute la procédure de la loi foncière. C'est impossible, car il n'y a pas de raison pour qu'on ne soit pas obligé de rééditer à l'infini dans une même instance la procédure longue et coûteuse de l'immatriculation.

Mais alors, le Tribunal mixte va statuer sur des actes et des contrats nouveaux, postérieurs à la réquisition, par suite non compris dans la publicité et non soumis en temps utile au juge-rapporteur, car les délais d'opposition seront sans doute expirés depuis longtemps. Or, nous savons, quel va être relativement à ces contrats, l'effet foudroyant du jugement. On va statuer définitivement et sans appel au mépris de droits restés inconnus ; l'intérêt de tous sera brutalement foulé aux pieds et à chaque fois le mal sera sans remède.

Ainsi le Tribunal mixte n'a qualité, n'a compétence et n'a pouvoir que pour statuer sur les réquisitions d'immatriculation. En d'autres termes, c'est à l'époque de la réquisition d'immatriculation qu'il doit se placer pour définir la consistance matérielle et l'état juridique de l'immeuble déféré.

La réquisition d'immatriculation opère la saisie du Tribunal mixte mais elle limite du même coup son champ d'action et sa compétence.

Ainsi il liquide tout le passé, il donne au droit de propriété un point de départ fixe et immuable, et c'est précisément ce qu'a voulu la loi. Le dépôt de la réquisition d'immatriculation marque une date fatale dans l'histoire de l'immeuble ; c'est l'extrême limite assignée à la compétence du Tribunal mixte. Tout ce qui suit la réquisition échappant à toute la série d'épreuves et de contrôles qui constituent la procédure d'immatriculation, échappera aussi à la juridiction exceptionnelle du Tribunal mixte et reviendra de droit aux juridictions ordinaires.

Et alors, celui qui, pendant le cours de la procédure et de l'instance en immatriculation, veut prendre une inscription sur l'immeuble en voie d'immatriculation, ira trouver le Conservateur et lui demandera de prendre en son nom sur l'immeuble une inscription absolument comme si celui-ci était d'ores et déjà immatriculé. Ce ne sera là qu'une inscription provisoire dont le sort dépendra du jugement d'immatriculation.

Elle tombera si la réquisition est rejetée, elle deviendra définitive si la réquisition est accueillie.

Quant au titre qui doit être dressé par le Conservateur, après le prononcé du jugement d'immatriculation et après l'accomplissement de toutes les formalités postérieures, il comprend deux sortes d'inscripions : les unes résultant du jugement lui-même et faisant apparaître l'état de l'immeuble au jour de la réquisition, les autres provenant de la conversion en inscriptions définitives des inscriptions provisoires, et constatant toute la série des modifications survenues dans l'état de l'immeuble depuis la réquisition jusqu'au jour de l'établissement du titre.

Aux premières inscriptions, s'appliquera la règle fondamentale de la loi foncière rappelée par le décret du 17 juillet 1888, art. 2, 1er alinéa aux termes duquel « le titre dressé ensuite de la décision du Tribunal mixte prononçant l'immatriculation est définitif et inattaquable ; il formera devant les juridictions françaises le point de départ unique de la propriété et des droits réels qui l'affectent à l'exclusion de tous autres droits non inscrits. » Seules, en effet, ces inscriptions constituent « le titre dressé en suite de la décision prononçant l'immatriculation » qui n'est autre que le jugement lui-même couché sur les régistre fonciers sous forme de titre ; elles participent de sa nature, elles sont comme lui définitives et innattaquables, elle forment « ce point de départ unique de la propriété » dont parle la loi.

Aux secondes inscriptions, qui, de définitives, sont devenues provisoires, s'appliquera la règle posée par le 2e alinéa du même article 2, elles feront foi dans les limites fixées par les lois qui régissent en Tunisie les immeubles immatriculés, car ce ne sont pas des inscriptions consacrées par le Tribunal mixte, mais de simples inscriptions ordinaires prises par un particulier sur un immeuble immatriculé.

Telle fut l'opinion du Tribunal mixte et les raisons qui lui ont fait appliquer la jurisprudence consacrée par le jugement du 22 Mars 1899.

Or, de vives critiques furent soulevées contre cette jurisprudence, de la part des hommes les plus compétents en la matière. Le Conservateur de la propriété foncière, le Chef du service topographique, les avocats, les propriétaires de la classe instruite protestèrent disant que le Tribunal mixte violait l'article 2 du décret du 17 juillet 1888 et d'autres textes encore qui disposent que le titre dressé par le Conservateur est définitif et inattaquable, etc.

Quoiqu'il en soit et en présence de ces controverses, il sembla au Gouvernement que la question avait besoin d'être tranchée d'une façon définitive.

En conséquence, le 16 Juillet 1899, parut un décret beylical qui tranche cette question en donnant satisfaction aux deux partis. C'est en quelque sorte une transaction offerte au Tribunal mixte d'un côté au Conservateur de la propriété foncière de l'autre.

Ce texte est ainsi conçu :

Décret beylical du 16 juillet 1899. — Sur la constatation des faits ou conventions relatifs aux immeubles en cours d'instance devant le Tribunal mixte immobilier.

Article I. — Les faits et conventions qui, pour être opposables aux tiers, doivent être inscrits ou mentionnés sur le titre foncier seront, s'ils se produisent dans l'intervalle qui s'écoule depuis le dépôt de la réquisition à la Conservation jusqu'au jugement définitif du Tribunal mixte, constatés par écrit et dénoncés à ce Tribunal.

Article II. — La dénonciation prévue à l'article I résultera du dépôt des pièces au greffe du Tribunal mixte. Ces pièces devront satisfaire à toutes les prescriptions édictées par la loi foncière, notamment par les art. 55,251,299,343,357,366 et par l'art. 3 du présent décret.

Article III. — Les parties devront justifier d'après le droit commun, par des actes authentiques ou dûment légalisés, de leur identité, de leur capacité et de la transmission régulière sur leur tête du droit cédé.

A cet effet, les écrits des notaires tunisiens produits devant le Tribunal mixte ou à la Conservation, feront foi de leur contenu dans les limites prévues par les lois spéciales.

Aucune demande de mutation partielle d'un immeuble en cours d'immatriculation ou immatriculé ne pourra être admise si elle n'est appuyée du plan de la parcelle, mutée régulièrement, dressé par le service topographique.

Article IV. — Tous les droits réels existant sur l'immeuble au moment du dépôt de la réquisition à la Conservation sont, en conformité de la législation en vigueur, définitivement consacrés par le jugement d'immatriculation et forment le point de départ unique de la propriété et des charges qui l'affectent, à l'exclusion de tous droits antérieurs.

Le même jugement ordonnera l'inscription de tous droits postérieurs régulièrement dénoncés conformément aux articles ci-dessus. Ces inscriptions feront foi dans les limites qui régissent, en Tunisie, les immeubles immatriculés.

Les droits postérieurs qui n'auraient pas été régulièrement dénoncés au Tribunal mixte en temps utile n'existeront à l'égard des tiers que par le fait et du jour de leur inscription à la Conservation foncière.

Article V. — (Dispositions transitoires).

Ainsi. A partir du dépôt de la réquisition et pendant tout le cours de l'instance tous faits ou conventions postérieurs au dépôt et qui seraient de nature, en cas d'immatriculation, à être inscrits ou mentionnés sur le titre foncier, doivent en prévision de cette immatriculation être constatés par écrit et dénoncés au Tribunal mixte (formes prévues par le décret). Le jugement d'immatriculation en ordonne, s'il y a lieu, l'inscription et la loi foncière leur devient de plein droit applicable.

Ce jugement qui purge et met à néant les droits réels antérieurs au dépôt de la réquisition, dont pour une raison quelconque, il n'aurait pas été fait état, laisse par contre subsister les droits postérieurs qui ne lui auraient pas été régulièrement dénoncés en temps utile. Mais ces droits n'existeront désormais au regard des tiers que par le fait et du jour de l'inscription à la Conservation foncière.

Les effets de la demande sont mis à néant en cas de rejet par le Tribunal mixte.

CONCLUSION

Nous en avons fini avec l'étude de l'application de l'Act Torrens en Australie et en Tunisie, nous ne reviendrons pas sur les avantages que procure ce régime aux propriétaires de la Régence, nous avons eu l'occasion de les signaler à propos de l'Act Torrens et ils sont à peu de chose près les mêmes. Nous allons nous contenter de les résumer en quelques mots, ce sera la conclusion de notre étude.

L'immeuble immatriculé a une personnalité propre, indépendante de ses ayants-droit et dont l'état-civil est tenu par le Conservateur de la propriété foncière. Le propriétaire a une copie de son titre de propriété qui n'est autre chose que la page du registre foncier concernant son immeuble, celui-ci est ainsi nanti d'un document représentatif de ses droits dans les mêmes conditions qu'un actionnaire a dans son certificat nominatif la représentation de sa part d'intérêt dans une société. Ce titre est susceptible d'être négocié comme une action nominative.

La large publicité que la loi donne à tous les actes qui peu-

vent intéresser le crédit assure à celui-ci une sécurité parfaite. La seule lecture du titre ou de sa copie fera connaître aux tiers la consistance juridique de l'immeuble
dont la situation matérielle est indiquée par le plan.

Ce système réalise la mobilisation du sol et celle du
crédit foncier. Les avantages en sont d'autant plus
appréciables que la Tunisie est un pays essentiellement
agricole où la terre constitue l'instrument principal de
richesse et de crédit. Les capitaux y sont encore en petit
nombre et ne se portent guère sur le commerce ni sur
l'industrie encore à l'état rudimentaire. Il faut autant que
possible les attacher à la terre, les y attirer en leur donnant toutes les sécurités et facilités de circulation vou-
lues.

Or, les dispositions du régime foncier tunisien assurent
aux transactions immobilières une sécurité égale à celle que
leur donne notre Code civil et les délivre en même temps
des entraves d'une législation peu applicable à des populations dont les traditions juridiques et les mœurs sont
aussi diverses que les origines.

La procédure est simple, économe, rapide.

Ce sytème a aidé puissamment au déveloqpement de la
Régence. Les indigènes ont trouvé aisément des acquéreurs, ceux ci étant assurés de se voir garantis contre
toute répétition et les colons européens qui avaient en
mains un instrument de crédit négociable n'ont pas craint
d'immobiliser leurs ressources.

On a ouvert un pays nouveau aux capitaux et au travail français ; on leur a donné toute sécurité sans troubler les populations indigènes, on a confondu des intérêts très-divers et on les a tous fait concourir au développement des ressources de la Régence.

En proscrivant toute apparence d'arbitraire, en tenant compte des faits, en tirant parti des institutions locales, sans faire pour cela de trop grands efforts financiers et sans demander le concours d'une trop nombreuse émigration, on a préparé un champ d'expansion plus vaste à l'activité de notre pays.

Telle fut l'œuvre économique de notre Protectorat.

Il est superflu d'ajouter que notre Gouvernement entend rester fidèle à cette conception du Protectorat qui, sous la haute protection de son Altesse le Bey, avec le concours des administrations locales et par l'heureuse direction des Résidents généraux qui se sont succédé, vient de donner en Tunisie des preuves de vitalité si frappantes. Quant le Gouvernement respecte scrupuleusement la conscience musulmane et quand il ne veut agir sur elle que par la persuasion, il songe non seulement aux indigènes mais aussi à la France, qui est responsable de la tranquillité en Tunisie et aux Français qui sont venus s'y établir et dont il doit garantir la sécurité.

Quand le Gouvernement français s'efforce d'attirer ses nationaux dans la Régence, il songe encore à l'éducation de la population indigène à laquelle nos colons apportent des exemples qu'elle est d'ailleurs toute disposée à suivre.

Enfin, la situation parallèle de ces deux tendances de

protectorat nous conduit vers un but unique qui est d'assurer à la France l'honneur et le mérite d'avoir accru encore en Afrique les conquêtes de la civilisation.

Vu par le Président de la thèse,
J. LÉVEILLÉ

Vu par le Doyen,
GLASSON

Vu et permis d'imprimer :
Le Vice-Recteur de l'Académie de Paris
GRÉARD

BIBLIOGRAPHIE

Anterrieu. — Conférence faite à Tunis sur le régime foncier tunisien, 1899.

Berge (S.). — De la juridiction française en Tunisie.

    — Extrait du bulletin de la société de Législation comparée, 1895.

Besson (Emmanuel). — Les livres fonciers et la réforme hypothécaire, 1891.

Blyth (Sir Arthur). — Reform from the select committee on land titles and transfer, 1879.

Bompard (Maurice). — Législation de la Tunisie, 1888.

Brickdale (Ch. Fortesque. — Le système Torrens en Angleterre, 1890.

Cambon et Massicault. — Loi foncière et Règlements annexes de la Régence de Tunis, 1893.

Chailley-Bert (Joseph). — La Tunisie et la colonisation française, 1896.

Challamel. — 2 Etudes sur les cédules hypothécaires, 1878.

    — Procédé de mobilisation de la propriété foncière, 1888.

Dain (Alfred). — Le système Torrens. Son application en Algérie et en Tunisie, 1885.

Daniel. — Système Torrens comparé au régime hypothécaire et au mode de transmission de la propriété immobilière. 1887.

De Dianaous (Paul). — Notes de la législation tunisienne, 1894.

Donnat (Léon). 2 institutions à introduire en Algérie (Act Torrens et Homestead), 1888.

Estoublon et Lefébure. — Code de l'Algérie annoté, 1896.

Franck-Chauveau. — Rapport sur les modifications à introduire en Algérie aux lois de 1873 et 1887, 1893.

Gide (Paul). — Annuaire de la législation étrangère, 1873.

Gides (Charles). — Etude sur l'Act Torrens, 1886.

Guyot (Yves). — De la propriété foncière en Algérie et en Tunisie, 1885.

Juillet Saint-Lager. — Le régime de la propriété foncière en Algérie.

Lahuppe. — La réforme économique, 1877.

Lebaut (A). — Dictionnaire de la législation tunisienne, 1895.

Leroy-Beaulieu. — L'Algérie et la Tunisie, 1887.

— De la colonisation chez les peuples modernes.

Maxwell. — Exposé théorique et pratique du système Torrens, 1889.

Pascal. — Lettres à la société des Etudes coloniales, 1886.

Périer (Léon). — Du régime de la propriété foncière en Algérie, 1891.

Piat. — Notice sur l'application de la loi foncière en Tunisie.

Piollet (P). — Du régime de la propriété foncière en Tunisie, 1897.

Pontois. — Rapport au gouvernement sur la propriété foncière et les droits réels immobiliers en Tunisie.

Pouyanne. — Sur l'organisation de la propriété foncière en Algérie, 1895.

Rondel. — La mobilisation du sol en France.

Sanguet. — Communication au Congrès des sociétés savantes à la Sorbonne sur l'Act Torrens, 1885.

Sanrin (Jules). — La constitution de la propriété et les contrats de culture indigène en Tunisie, 1897.

Trois fontaines. — Les livres fonciers spécialement d'après l'Act Torrens, 1889.

Worms (Emile). — De la propriété consolidée.

Zolla. — La colonisation en Tunisie (Illustrations), 1898.

————

Rapports faits chaque année par le Ministre des Affaires Etrangères au Président de la République Française sur la situation de la Tunisie.

Journal des Tribunaux de la Tunisie.

Journal des Economistes.

Journal Le Globe (Articles de Yves Guyot).

Revue foncière de Tunis.

Revue Algérienne.

TABLE DES MATIÈRES

TROISIÈME PARTIE

Le régime foncier tunisien d'après la loi de 1885 et les différentes lois postérieures qui ont pu y apporter des modifications.

QUATRIÈME PARTIE

JOUVE et BOYER, imprimeurs, 15, rue Racine, Paris.

9 782014 093964